シリーズ「神学は語る」

パウロの教会は
どう理解されたか

リチャード S. アスコー

**What Are They Saying About
the Formation of Pauline Churches?**

by Richard S. Ascough

© Richard S. Ascough, 1998

Japanese Edition Copyright © 2015
Translated by Permission of Paulist Press
New York and Mahwah, N.J., U.S.A.
tr. by MURAYAMA Moriyoshi
Published by
The Board of Publications
The United Church of Christ in Japan
Tokyo, Japan

目次

まえがき …… 4

序論 …… 9

第1章　シナゴーグ …… 23

第2章　哲学学派 …… 49

第3章　古代密儀宗教 …… 79

第4章　任意団体 …… 111

結論 …… 145

参考文献 …… 152
さらに学ぶために …… 163
索引 …… 168
訳者あとがき …… 170

装幀　堀木一男

まえがき

　パウロとその世界に対する私の理解は、研究生活を通して得た多くの知己から与えられている。とりわけ、レイフ・ヴァージとB. ハドソン・マックリーンは多くの議論を通して、考えるための材料をたくさん与えてくれた。トロント神学校の同僚や学生諸君、とりわけアリーシャ・バトン、キャロライン・ウィーラン＝ドナフェイ、ロバート・デレンバッカー、ジョン・マックローリン、タイラー・ウィリアムズは刺激的な対話のパートナーであった。「トリニティーンズ」の十代の若者との関わりは、私にパウロとその世界を全く違う次元で理解させてくれた。博士論文の指導教授ジョン S. クロッペンボルグは私の考えを発展させるうえでも、また本書をまとめるうえでも最も支えとなってくれた。彼は多くのアイデアを抱える私にとって良き相談役であり、また本書の草稿を綿密に読み、多くの有益な提案と訂正を隅々まで行ってくれた。もちろん、なお至らない点はすべて私自身の責任である。

　本書とこれに関連した大部な研究書である博士論文を執筆している間、おしみない財的援助を与えてくださったのは、カナダ社会科学・人文研究協議会の奨学金（三年間）、カトリック聖書協会記念奨学金（四年間）、トロント神学校のジョン M. ケリー奨学金、そしてウィクリフ大学の数多くの奨学金である。私はこれらすべての助成に非常に感謝している。お陰で私は目の前にある研究課題に思う存分、集中することができたのである。

　最後に、私の妻メアリ・リンと娘ハンナに心から感謝を捧げる。彼女たちは家族として刺激を与えてくれ、長く研究生活を続ける私を元気づけてくれた。本書は愛をもって彼女たちに捧げられる。

略 語

ABD　　　*The Anchor Bible Dictionary*, 6 vols., ed. D. N. Freedman. New York: Doubleday, 1992.
ANRW　　*Aufstieg und Niedergang der römischen Welt*, ed. H. Temporini and W. Hasse. Berlin: de Gruyter, 1972-
BARev　　*Biblical Archaeology Review*
CBQ　　　*Catholic Biblical Quarterly*
CIJ　　　*Corpus Inscriptionum Iudaicarum*
CIL　　　*Corpus Inscriptionum Latinarum*
CIRB　　*Corpus Inscriptionum Regni Bosporani*
CP　　　*Classical Philology*
EPRO　　Études préliminaires aux religions orientales dans l'Empire romain
ExpTim　*Expository Times*
HSCP　　*Harvard Studies in Classical Philology*
HTR　　　*Harvard Theological Review*
IG　　　*Inscriptiones Graecae*
ILS　　　*Inscriptiones Latinae Selectae*
Int　　　*Interpretation*
JAC　　　*Jahrbuch für Antike und Christentum*
JBL　　　*Journal of Biblical Literature*
JECS　　*Journal of Early Christian Studies*
JEH　　　*Journal of Ecclesiastical History*
JRH　　　*Journal of Religious History*
JRS　　　*Journal of Roman Studies*
JSNT　　*Journal for the Study of the New Testament*
JSNTSup　*Journal for the Study of the New Testament* Supplement Series

JTS	*Journal of Theological Studies*
LEC	Library of Early Christianity
LXX	Septuagint
MTZ	*Münchner theologische Zeitschrift*
NewDocs	*New Documents Illustrating Early Christianity*, 7 vols., ed. G. H. K. Horsely and S. R. Llewelyn. North Ryde: Macquarrie University Press, 1981-95
NovT	*Novum Testamentum*
NovTSup	Novum Testamentum Supplements
NTS	*New Testament Studies*
RAC	*Reallexikon für Antike und Christentum*, 10 vols., ed. T. Klauser. Stuttgart: Hiersemann, 1950-78
RB	*Revue biblique*
SBLASP	Society of Biblical Literature Abstracts and Seminar Papers
SBLSBS	Society of Biblical Literature: Sources for Biblical Study
SIG^3	*Sylloge Inscriptionum Graecarum*
SNTSMS	Society for New Testament Studies Monograph Series
TAPA	*Transactions of the American Philological Association*
TSK	*Theologische Studien und Kritiken*
TZ	*Theologische Zeitschrift*
VC	*Vigiliae christianae*
WUNT	Wissenschaftliche Untersuchungen zum Neuen Testament
ZWT	*Zeitschrift für wissenschaftliche Theologie*

凡 例

1. 聖書の引用は基本的に『聖書　新共同訳』（日本聖書協会）に準拠した。
2. 〔　　〕は訳注を意味する。
3. 原著で強調のために斜体になっている箇所は圏点をふった。

序 論

(Introduction)

序論

　キリスト教会は真空状態から発生したわけではない。これは新約聖書研究において今や確固とした了解事項である。他のすべての組織と同じく、教会はそれを形作る基礎モデルを周辺の（諸）文化から借用してきた。研究者たちは、パウロの教会が形成される際の基盤となった可能性のある、いくつもの種々異なる類似の組織を長年にわたって考察してきた。本書は、初期キリスト教におけるパウロのグループがどのように共同体を構築したのかを理解するために、ギリシア・ローマ時代に見出される多様なモデルを検討している研究文献を概観する。そのモデルとはすなわち、シナゴーグ、哲学学派、密儀宗教[1]、任意団体である。本書の主眼は、個々の研究者、彼らのモデルの利用法、彼らが利用した文学的、考古学的データ、彼らが重視するパウロ書簡のデータにある。

　多くの研究者は、古代都市の複合性と、揺籃期のキリスト教がそれから受けた多様な影響とを、認める必要があると認識している。しかし私は、便宜上、また実用上、研究者たちを、彼らが最も重要であると認める項目のもとで扱う[2]。問題は、パウロ自身が最もなじんでいたであろうものではなくて、ギリシア・ローマの都市中心部に彼によって形作られたグループが、そこに集っていた人々に、また外部の人々にどのように映っていたのかである。人々はパウロの教会を見て、ごく自然に何を連想したのであろうか[3]。こういうわけで、二つの、しかしその根元を同じくする論点があることになるが、それは次章以下で要約される諸研究に明確に見てとれるものである。すなわち、パウロのグループは彼ら自身を（意識的にせよ無意識的にせよ）どのように形作ったのか、そして、キリスト信仰者のグループは外部の者にどのように映ったのか、という論点である[4]。

　E. A. ジャッジ（E. A. Judge）は、パウロ的キリスト教の社会的文脈を研究しなければならないと一貫して強調してきた。1960年に発表された雑誌論文で彼は次のように述べている。

　　彼らが誰であったのか、また一つのグループとして、地域の諸共同体

の社会構造とどのような関係にあったのかを私たちは知る必要がある。しかしそれだけでなく、彼らはグループとして何のために存在し、どのような活動に従事したのか、そして、同時代の人たちは彼らを何だと思ったのか、ということも知る必要がある。無論、これはまさに教会を外側から見た様子と教会の社会的機能に関する問いである。教会の神学的根拠は私たちの関心事ではない（Judge 1960a:8）。

それから二十年ほどたってもジャッジはなお、次のように述べる必要があった。「初期キリスト信仰者の社会的アイデンティティと行動をきちんと描写する研究が、当時の社会的因習や習慣との比較検討をともなって十分に展開されたときに初めて、私たちは彼らが誰であり、どのような存在であったのかを語ることができる」（1980:213。216参照）。本書は、新約聖書の釈義家として私たちがどこに立っているのか、そしてこれからどこに向かう必要があるのか、それを見定める一つの手がかりとして、今までなされてきた研究を整理しようとするものである。

パウロの教会形成という分野について学術的な議論を整理しようという継続的な試みは、今日までなかった。この点で本書は注目に値するのであるが、そのきっかけは、私がかつて博士課程に在籍していたときに読んだ**ウェイン A. ミークス**（Wayne A. Meeks）の *The First Urban Christians*（1983）〔『古代都市のキリスト教――パウロ伝道圏の社会学的研究』加山久夫監訳、ヨルダン社、1989年〕から与えられた。その書物でミークスは教会形成の四つのモデルを考察している。すなわち、家、任意団体、シナゴーグ、哲学学派である（1983:74-84〔邦訳205-226頁〕）。ミークスは彼の目的にそって簡潔な説明にとどめているが、初期キリスト教の形成を学び始めた者にとって、これらのモデルをより詳しく論じた概説の方が有益であると私は判断した。そこで、そのような概説を探してみたが、そういうものは存在しないことが分かった。そのため、研究の流れのいくつかを自分自身でまとめることにした。さらに、ミークスの本が出版されて以来、おびただし

い論文や研究書が、初期キリスト教会のモデルと考え得るものを論じてきている。しかしながら私の知る限り、本書が企てているような大局的な研究の整理は誰も行っていない。

本書では、初期キリスト教会に関する社会学的な分析ではなく、その社会史を吟味しようとするものである。この方法論的区別はいくぶん作為的であるが（Scroggs 1980:167-68）、次のことを心に留めておくと有益であろう。すなわち、多くの研究者が新約聖書を社会的文脈に照らして見ようとする際に試みることの一面だけを、私たちは検討するに過ぎないということである。様々な社会学的分析についての簡潔な解説は、**キャロライン・オージック**（Caroline Osiek）の *What Are They Saying About the Social Setting of the New Testament?*（1992）〔『WATSA　新約聖書の社会的背景』〕を参照のこと。

本書は初学者および一般信徒を念頭においた入門書である。そのため専門的な議論は可能な限り避けることにした。必然的に、研究者間の議論にある微妙な意味の差異については幾分簡略化している。もっとも、関心のある読者は、ここで言及された研究書を自分で読むことでそれらの議論がもつ影響を十二分に理解することであろう。また、大部分において本書の考察範囲は、英語で執筆された、あるいは、英訳で入手できる研究書に限定しているが、それも今述べた読者層を念頭に置いてのことである。

本書のあらすじ（構成）

第1章は、パウロの教会形成のモデルとして古代のシナゴーグを考察する。シナゴーグはユダヤ人の組織である。ユダヤ人は、礼拝のために家や特別な建物に集っていた。この章ではまず、パウロが町にあるシナゴーグの人々に宣教し彼らに拒否されたのちに異邦人へ向かう、という使徒言行録の証言を検討する。この証言は、あとで考察するように、初期キリスト教会の形成を研究するための、数多くの重要な問題を提示している。すな

わち、シナゴーグという組織の性質、後1世紀におけるユダヤ教への改宗の広がり、シナゴーグに結びついていた「神を畏れる者」や改宗者の存在（もしくは不在）である。これらの問題の一つ一つをどのように解決するかは、後1世紀の教会とシナゴーグとの関係をどのように理解するかを決めることになる。最後に、シナゴーグをパウロの教会形成の最適なモデルと見なす数多くの研究者を詳しく考察する。

第2章は、古代の哲学学派を考察する。哲学学派は常に具体的な居住地を構えたわけではないが、後1世紀に数多くの哲学学派の組織が存在しており、パウロの教会が組織モデルとしてそれらに目を向けただろうと考えることができる。この章ではまず、パウロのキリスト教が早い時期に哲学学派と接触をもっていたことを示す数少ないテキストを検討する。次に、これらの「学派」の多くがどのように自らを組織したのかを論じたあと、宣教の舞台におけるパウロと哲学者の類似点を手短に考察する。最後に、単一のあるいは複数の哲学学派が、初期のパウロ教会を理解する上で最も参考になるグループである、と主張する研究者を紹介する。

第3章は、古代密儀宗教に付随した入信儀礼とそれに続く教団形成が、パウロの教会形成に関する私たちの理解に、どのような影響を与えるのかを検討する。この章は、パウロの手紙と密儀宗教のいくつかの接点をまとめることから始める。古代密儀宗教の性質と広がり、そして彼らの宣教について手短に説明したあと、パウロのキリスト教と密儀宗教との類似点を指摘した初期の研究者たちを紹介する。本書で考察している他のモデルと違い、パウロの共同体を理解するために密儀宗教を利用することに対してはおびただしい数の否定的な反応がある。この立場を代表する研究を幾つか概観したあとに、パウロの教会形成を理解するための類比（analogy）として密儀宗教を取り上げている最近の議論に注意を向けることにする。

第4章は、小アジアのフィラデルフィアに存在した任意団体とパウロの教会を詳細に比較検討した研究の紹介から始める。古代の任意団体は、共通の目的のために集い、しばしば共通の利害関係の結果として個々人に

よって形成された。任意団体のメンバーの目的と利益をいくつか詳しく説明したあと、このようなグループが広がっていった仕組みを手短に論じる。最後に、古代の任意団体を理解することはパウロの教会形成をより良く理解することにどのように役立つのか、それを検討してきた研究者の議論を紹介する。その中で、任意団体を比較モデルとして利用することに対して出された反対意見や、それを反駁する最近の議論にも注意を払うことになる。

最終章は、ジョナサン Z. スミス（Jonathan Z. Smith）（1990年）のテーゼを簡潔に論じる。それは、古代を研究する際に、古代の集団および（あるいは）テキストを比較検討することは、系譜的なつながりを示さずとも有益であり得るという主張である。最後にこの章は、現代の教会にとってパウロの教会形成の研究が意味するところについて意見をいくつか述べる。

パウロの教会形成を理解するための前述のモデルについて論じる前に、少し回り道をして、パウロ教会の類比的モデルとして時折言及されるもう一つの制度についてふれておきたい。

家と家の教会（Households and House Churches）

　新約聖書における家の教会（*House Churches in the New Testament*）

使徒言行録とパウロの手紙を注意深く読むと、多くの場合、各地のキリスト教会は、一つの「家」もしくは家の集合体から構成されていることがすぐに分かる[5]。使徒言行録によれば、初代教会はまず、おそらくは家単位で構成された、数々の小集団から形作られた（使2・47、5・42）。おそらく、家の中の大きな部屋に彼らは集まった。使徒言行録1章13節と20章7～9節で示されているように、上階の部屋の場合もあった。このような集会形態は使徒言行録で一貫しており、そこにはコルネリウス（使10・1～11・18）、リディア（使16・15）、フィリピの看守（使16・31～34）、クリス

ポ（使18・8）といった、キリスト教に改宗した多くの家族が見られる。

パウロの手紙には、キリスト信仰者の家の集会がしばしば言及されて、その集会は自宅を開放した個人に結びついている。すなわち、ステファナ（1コリ1・16、16・15）、プリスカとアキラ（1コリ16・19、ロマ16・3～5）、フィレモン（フィレ2）、アリストブロ（ロマ16・10）、ナルキソ（ロマ16・11）、皇帝の家の人である（フィリ4・22）。ニンファも参照（コロ4・15）。これに加えて、明示的ではないがおそらく家の教会を示す箇所がある（ロマ16・14～15で名前が出ている人たちと匿名の人たち〔Meeks 1983:75〔邦訳208頁〕〕や1コリ1・11～12で言及されている諸分派）[6]。このように、キリスト信仰者の「家」についての言及が目立つことから、パウロの教会形成を理解する上で家が最適の類比であると論じる人々もいる。

家の性質と家の教会（The Nature of Households and House Churches）

古代において（また今日においても）組織は「公的」と見なされたり、「私的」と見なされたりした（Banks 1994:6、Winter 1994:2）。公的な組織は伝統的にポリス、すなわち、日々の市政に関わっていた。私的な領域はオイコス、つまり「家」であって、そこに個人が属していた（出生、奴隷制や雇用を通して）。ヘレニズム時代には二つの領域の区分は曖昧になっていたとは言え、一般的に組織は公的か私的かどちらかの領域に属すると判断されうる。パウロの教会は、私たちが考察している類比的諸集団と同様、「私的」領域に位置づけることができる。少なくとも紀元後1世紀にはほとんどの場合、これらの集団の大抵は市の公的な生活に関して重要な役割をもっていない。家はまさに私的生活の基盤であり、家ほど「私的」という形容がふさわしい集団はない。

家族は通常大家族であった。ローマ法によると、最高齢の男子が家長（パテル・ファミリアス）であり、子、孫、奴隷、雇い人を含めた他のメンバーはすべて、家長が地主または雇用主の場合、家長の権威の下にいた

(参照：Garnsey and Saller 1987:127)[7]。男性の家長が不在の場合（通常、死去による）、女性が家族の指導的地位を引き受けることもできた（参照：Garnsey and Saller 1987:130-36、Horsley 1982:29）。もし家長が生活様式を変更した場合（哲学学派への、あるいは密儀宗教やユダヤ教、キリスト教を含む異なる宗教への改宗）、家長は家全体と共にそれを行った。家族の全メンバーは選択の余地はなく、改宗することになった。事実、新約聖書の多くのテキストは、家長が改宗した結果、すべての家族がキリスト信仰への洗礼を受けたことを示している（コリントのステファナ［1コリ1・16］やフィリピのリディア［使16・15]）。そして、とりわけその家が裕福な場合、新しく生じたグループの中心となった[8]。

　家の教会の特徴として、場所が家族の居住地であることが指摘できる。その土地のキリスト信仰者が、通常の集会で建物を利用する場合、その構造は変えずに、家全体または部分を利用した（White 1990:104-5。参照：Blue 1994:125）。キリスト信仰者はシナゴーグでの礼拝を模して礼拝をするには他の場所がなかったので、利便性を含むあらゆる理由で家に集った。というのも家は、友好を育むために必要な設備を備えており（台所や食堂）、人目を引かずプライバシーを保持できるから（Blue 1994:121）である。すでに多くの家の教会が確認されているが、特に最近も新たにいくつか発掘されている[9]。ローマ帝国がキリスト教を公認するコンスタンティヌス帝の勅令（313年）以前において、キリスト信仰者の礼拝場所は三つの発展段階を経験した（参照：White 1990:102-39、これはBlue 1994:124-30に要約されている）。最初の段階は50〜150年で、キリスト信仰者は信徒が所有する個人の家に集まった。二番目の段階は150〜250年で、個人の住宅がもっぱらキリスト教礼拝のために改装された。最後の段階は250〜313年で、集会のためにより大きな建物やホールが建造された[10]。

モデルとしての家 (Households as a Model)

「初期の家の教会の意義」を最初に強調した学者の一人は**フロイド V. フィルソン**（Floyd V. Filson）で、1939年のことであった。フィルソンは、初期キリスト信仰者が生活し、共に集った際の実際の物的条件を理解することで、新約聖書について釈義的な理解が高まると論じた。フィルソンは、家の教会の存在を示す多くの証拠を新約聖書、初代教父の著作、考古学的記録（ローマのサン・クレメンテ、シリアのドゥラ・エウロポス、小アジアのプリエネ）に見出し、提示した。考古学的記録は、個人の家の小さな集会がしばらくして個人の住居では収容できないほど大きな一団に成長していったことを示している。この発展のために住居を拡張することが必要となり、拡張された住居は別の建物（「教会堂」）として認識されるまでになったのである。

フィルソンは、初期キリスト教集団が個人の家から「家の教会」を形成したと理解するならば、五つの点で初期キリスト教を全体としてより良く理解することができると論じている。一つは、初期キリスト教がユダヤ教のシナゴーグのみに基づいたものと見るよりも、家の教会と捉えることによって、キリスト信仰者がどのように礼拝と交わりを発展させたのかがよくわかる。二つ目は、パウロの手紙（と他の手紙）において、家庭生活に対する強い関心が払われている理由を説明することができる。三つ目は、ひとつの町にふたつ以上の家の教会があることは、そこで教会の分裂があった原因を説明してくれる。例えば、コリント教会の分裂はおそらく競合する家の教会を中心に生じていたと思われる。四つ目は、初期キリスト信仰者の社会的地位についてより良く認識できるようになる。確かに信者の大多数は貧しかったが、一部の者は、グループの比較的大きな会合ができるくらいの住居を所有するほど富と成功を収めていたに違いない。最後に、教会の指導体制が固定的であったことは、家における家父長的な指導理念から最もよく理解することができる。

約二十年後、**E. A. ジャッジ**（E. A. Judge）は、*The Social Pattern of Christian Groups in the First Century*（1960）〔『1世紀におけるキリスト信仰者集団の社会的形態』〕という小さな研究書を発行した。その中で彼は、新約聖書の読者がどのような人たちで何を考えていたのかを考察した（1960b:9-10）。新約聖書がもっている社会的な教えを理解するために、ジャッジはキリスト信仰者が生きたヘレニズム的な社会制度を説明している（1960b:16-17）。ジャッジは1世紀のローマ支配下の政治制度を検討することから始める。ローマ人は独裁的な権力をもっている一方、大いに地方行政に依拠していた。そのため、多くの市は（限られてはいるが）地方自治を堅持する一方、ローマ帝国からの恩恵も享受していた（1960b:23）。しかしながら、制限された自治という恩恵に対して多くの人々は最後には幻滅し、相互扶助的な団体を作り出すために他の手段を求めることになった（1960b:29）。

ジャッジが考察している「相互的な団体」のうち、最初のものが家である。家は血縁的な絆と宗教的信念による連帯の場であった。家に対する個人的な忠誠心は、家長がキリスト教（もしくは他の宗教）に改宗した場合、同じ家に属する他のすべてのメンバーがその新しい信仰に入信するほどであった（1960b:35-36）。このように家は、キリスト信仰を構築する主要な積み木のひとつとなった。

しかしジャッジは、それ自体適切である家というモデルを超えて議論を展開する。政治的な団体や家族に満足できなかった人々が、なお帝国内には多く存在した（1960b:38）。そのような人々は、ローマ帝国内で数も規模も大きくなりつつあった個々人の集まり、つまり、任意団体や哲学学派のひとつに満足を見出したのであった。ジャッジは、キリスト教会とそのようなグループとの類似点をまとめている（彼の見解については後述する）。

ヴィンセント・ブラニック（Vincent Branick）は*The House Church in the Writings of Paul*（1989）〔『パウロ文書における家の教会』〕において、家の教会についての新約聖書の証言、そして家の組成と機能を理解するために必要なヘレニズムの文化的背景をまとめている[11]。ブラニックは、初期のパ

ウロ教会にとって、家が基盤であったと理解している。しかし家は、キリスト教会が形成される途上での単なる手段に過ぎない。ブラニックは、教会の構造と組織の観点から、シナゴーグがキリスト教会にとって「最も近い並行例」であったと指摘している（1989:52）[12]。

結論（Conclusion）

明らかに、古代の家を理解することは、最初期キリスト信仰者のグループ形成を理解する上でとても役に立つ。しかしこのモデルは、以下の章で考察する他のモデルを排除するものではない。事実、その他のモデルの中にも、それぞれの集団が基盤として家を利用しながら自らを形成したというケースが、少なくともいくつか存在した証拠がある。すなわち、家族の全構成員を参加させたり、新しい家族ということを表現するために、架空の血縁を表す用語を使用したりするのである。例えば、家が任意団体として構成されていたり[13]、家がシナゴーグ[14]や密儀宗教[15]の基盤となっていたことを証言する碑文がある。また、個々の家は哲学的な教えや哲学学派にとっても重要な場所であった[16]。同じことは初期キリスト教についても当てはまる。従って、家はしばしば教会形成の基礎組織として機能し、教会の発展にとって不可欠な要因であった（Filson 1939:112、Meeks 1983:75〔邦訳207頁〕、Stambaugh and Balch 1986:140）。しかしこのことは、この基礎を足場とした他のモデルについての有益な考察を排除するものではない。

序論

注

1. ほとんどの場合、「密儀宗教（mystery religions）」というよりは「秘儀、奥義（the mysteries）」を我々は論じることになる。「密儀宗教」という用語は、一つの集団に排他的に固執している感じを呼び起こすが、それは事実ではなかった。ユダヤ教、キリスト教、イスラームは集団の強力なつながりを体現し、信者はどのようなときも二つ以上の宗教に忠誠を誓うことはできない、という意味においての宗教である。一方、古代においては一人の人物が多くの秘儀に入信することができたし、一つないしそれ以上の集団にメンバーとして関わることが可能であった。この議論に関してはBurkert 1987:1-4, 53を見よ。20世紀の初頭、「密儀宗教」という用語は研究者によって（それに付随する憶測と共に）しばしば使用された。

2. 以下のことを心に留めておくことは重要である。すなわち、これらの研究者の多くは、自分たちのモデルが彼らのパウロの理解において支配的であるけれども、他のモデルもまたパウロの教会形成において影響力をもっていたかもしれないことを快く認めるだろう。

3. パウロ自身は、私たちが関心をよせる集団について標準的に使用されるいかなる用語も、教会を指すためには使用していないので研究を困難にしている。すなわち、シナゴーゲー〔ユダヤ人会堂〕、フィロソフィア〔哲学〕、シアソス〔一団、一隊〕、シノドス〔会合、党派〕、コイノン〔国家、政府〕、ミステーリア〔秘儀〕、である。その代わりに、彼はエクレーシアを使用している。この用語は、私的な集団というよりはむしろ政治に関わるものである（Branick 1989:27）。しかしこの用語自体は、その他のあらゆる集団が形成される中で、〔それらとパウロの集団とを〕分類する記号（descriptor）として、〔パウロによって〕用いられている。

4. 本書の議論において私たちの注意を引く関連トピック、すなわち、創設者、そして（あるいは）教師としてのパウロと共同体との関係についてここで触れておくのがよいだろう。この論点は、共同体形成の明確なモデルを提示できる場合において議論される。パウロと共同体との関係を論じた研究があるが、それらは共同体のモデルを特定していない。例えば、J. ポール・サンプリー（J. Paul Sampley）（1980年）は、パウロが改宗者の（全員ではなく）何人か（すなわち、フィリピの信者とフィレモン）と法的に認知された結社（ソキエタス・クリスティ）を作り出した、と論じている。しかしながらサンプリーは、パウロと共同体との関係を考察できるほどには実際の共同体構造を詳しく説明していない。サンプリーの研究は、あまり肯定的には評価されていない（Witherington 1994:118-19におけるサンプリー批判の要約を参照。また、D. M. Sweetland, *CBQ* 44 (1982) 689-90とA. C. Wire, *JBL* 101 (1982) 468-69のレビューも参照）。しかしCapper 1993とBormann 1995が最近支持している。

5. 新約聖書における家の教会の証拠について、より詳しい概観はBranick 1989:13-35, 58-77を見よ。

6. 他の場所と同様に、コリントの「全体教会」は市の各地に点在している多くの小規模の集会から形成されていた。Branick 1989:23-28を見よ。

7. 古代における様々な種類の家の規模や様式に関しては、Hanson 1989:142-51を見よ。

8. 無論、すべてのメンバーが新しい宗教に必ずしも満足しないことがあり、社会的な緊張を作り出すことがある（Meeks 1983:76-77〔邦訳209-210頁〕を見よ）。フィレモンの家のオネシモの場合がおそらくそのようなケースであっただろう。主人のキリスト教への改宗にもかかわらず、オネシモがのちにパウロと出会ったとき彼はキリスト信仰者でなかった。

9. White 1990:111-23を見よ。ブルー（Blue 1994:138-71）はパレスチナ、シリア、コリント、ローマの考古学的遺跡について詳細を短くまとめている。ローマ遺跡について、より詳しくはPetersen 1969:265-71とJeffers 1991、特に63-89を見よ。

10. これはコンスタンティヌスのバシリカ建築を予想させた（White 1990:4-5）。しかしながらホワイト（White 1990:24）は、急進的で意図的な変化というよりは「既存の建造物を徐々に改築していくことを通して、建造物の変化がゆっくりと生じた」と慎重に記している。

11. ブラニックは、多くのことをロバート・バンクス（Banks 1981、1994）とハンス＝ヨセフ・クラウク（Klauck 1981b。参照：1981a、1982）の研究に負っていることを正直に認めている。これらの研究者は、新約聖書における「家の教会」を考察する者にとって重要である。

12. ブラニックは、任意団体と地域のキリスト信仰者の共同体との（限られた）類似も認めている（1989:46-49）。

13. より詳しくは、Klauck 1981a:11、1981b:86-87、1992:32-34、Kloppenborg 1996a:23を見よ。White 1990:32-47、141、McLean 1993:247-49も参照のこと。

14. Klauck 1981a:13-14、1981b:95-97を見よ。Kee 1990:8-14、White 1990:62-77も参照のこと。

15. White 1990:47-58。

16. Stowers 1984:66-68、DeWitt 1954a:93、52。ストワーズ（Stowers 1984）は、パ

ウロの宣教とそのあとに続く教化にとって、公的な場所ではなく私的な家が主要な場であった、と論じている。この点において、パウロは当時の多くの哲学者と同様であった。

1

シナゴーグ

(Synagogues)

使徒言行録におけるパウロとシナゴーグ（Paul and the Synagogue in Acts）

　エルサレムで生まれた初期キリスト教会はローマ帝国中で成長し広まった。この拡大における重要な働き手の一人は、教会の迫害者としてその歩みを始めたが、まもなく復活のイエスとの奇跡的な出会いを通して回心した。その直後から彼は、帝国内のあちらこちらに住んでいる異邦人へ福音のメッセージを携えていった。もちろん私たちは、異邦人使徒、パウロについて語っているのである。この成り行きを私たちはパウロの手紙と使徒言行録の説明から知る。

　使徒言行録は、パウロの第一回宣教旅行における最初の滞在をこのように記述している。「〔彼らは〕サラミスに着くと、ユダヤ人の諸会堂で神の言葉を告げ知らせた」（使13・5）。次の滞在地であるピシディアのアンティオキアで、パウロはシナゴーグにいる人々に奨励の言葉を述べている（使13・13〜41）。次の安息日にもまた来てほしいと頼まれたパウロとバルナバには、「多くのユダヤ人と神をあがめる改宗者」がついて来た（使13・43）。しかし次の安息日までに、ユダヤ教指導者はパウロら宣教者たちに公然と反対した。この反対のために宣教者たちは、異邦人にメッセージを伝えることとなった。そして異邦人たちは、喜びをもってメッセージを受け入れた（使13・44〜49）。こうして、パウロの宣教戦略の基本的パターンが整えられた。すなわち、パウロと彼の随行者たちは、まずシナゴーグへ出向き、ユダヤ人と「神をあがめる者」に対してある程度の成功をおさめるが、ユダヤ教指導者から反対を受け、次に異邦人へと向かう。異邦人たちは、彼らのメッセージを好意的に受け入れる。

　残念なことに、パウロは手紙の中で宣教戦略のロジスティクス（実施計画）について一度も詳しくは説明していない。パウロが各都市でまずシナゴーグへ出向き、多くの場合、最初の改宗者はシナゴーグに出席している人たちから得るという、この姿は使徒言行録のみが伝えている。聖書を初めて学ぶ学生たちがすぐに発見することであるが、使徒言行録はパウロの

伝記資料としては二次的であり、証言の史実性が認められるためには注意深い検討が必要である（Knox 1987:3-90）。パウロ自身の手紙が第一次資料であり、優先されるべきなのである。しかしながら下記で見るように、多くの研究者は使徒言行録の基本的な描写を受け入れ、パウロの教会形成と組織を理解するうえで有益な、教会とシナゴーグとの強力な類比を見出している。しかしこの議論に向かう前に、まず1世紀のシナゴーグの性質と広がりに深く関わる諸問題を概説しなければならない。

1世紀のシナゴーグの性質と広がり
(Nature and Extent of First Century Synagogues)

概要の描写（Description）

ラビ文献、フィロンとヨセフス、新約聖書（使15・21）の中には、シナゴーグの働きはモーセ時代までさかのぼるという考えがある。しかしシナゴーグの存在を示す証拠は、それとはっきり分かる形では最も早くて前6世紀、あるいは最も遅くて前2世紀初めまでは確認されていない（Burtchaell 1992:202-4、Urman and Flesher 1995:xx-xxiv）。

紀元後1世紀の証拠によると、ユダヤ人は個人的な清めと祈りのために、安息日に個人の家に集ったことが分かっている。おそらく彼らはそこで食事を共にしただろう（Kee 1990:8-14）。1世紀に由来する証拠は、「シナゴーグ」（「共に集まること」）という用語が、特定の建物ではなく礼拝のために集ったユダヤ人が組織する共同体をもっぱら意味する、ということを示している（Burtchaell 1992:202。参照：Urman and Flesher 1995:xix）。それ以前は、ユダヤ人が集まる建物は通常プロスエウケー〔「祈り、祈りの場所」の意味〕と呼ばれていたが、後1世紀までにシナゴーゲーが集会と建物の両方を意味するようになった（Urman and Flesher 1995:xix）。しかし1世紀のどの時点でシナゴーゲーが建物について使用されるようになったのかは大

きな論争テーマとなっている。

　その後の発展から、一般にシナゴーグは長老的統治形態を通して長老の一団によって運営されていたことがわかる（Burtchaell 1992:204）。組織としてのシナゴーグは、特定の地域に住むユダヤ人に対して数多くの便宜を提供した。ギリシア・ローマ時代を通してシナゴーグは、ローマ帝国が行う統治の浸透に従って、あらゆる行政的な業務を請け負っていた。帝国の統治がほとんど及ばない場所では、シナゴーグは「地方自治体の最大の機関」として責任を負うこともあり得た（Burtchaell 1992:206）。地域のシナゴーグは、宗教的な機能に加えて徴税サーヴィス、社会福祉業務、よそから来た人のもてなし、重要文書や貴重品の保管、また、コミュニティー・ホールの役割も担った可能性がある。ユダヤ人にとって「地域のシナゴーグは家族を越え、事実上すべての社会生活（宗教的、行政的、経済的、教育的側面）のために役立った」（Burtchaell 1992:227）。地域の各シナゴーグの集まりは、自立して統治されており、外部により大きな権力はなかった。それぞれのシナゴーグが自らを「イスラエルの全会衆の縮図」として認識していた（Burtchaell 1992:215）。とは言うものの、各地方からエルサレムへ送られる「神殿税」の形で、各シナゴーグはエルサレム神殿と結びついていた。そして同時に、地域のシナゴーグは自律しており、地域への忠誠心も高いままであった（参照：Burtchaell 1992:220）。

　残念なことに、このようなシナゴーグの内容を裏づける証拠は後1世紀以降に属するものである。それはおもにタルムードやミシュナーからのもので、しばしば根拠もなく1世紀の時代を遡及的に読みとったものである。シナゴーグの多様な機能を証言する碑文としてあげることができるのは一つだけ、すなわち、エルサレムの「セオドトス」碑文である（*CIJ* 1404）。これは1世紀のものであるとしばしば推定されたが、少なくとも2世紀かそれ以降に属することが今や確かなようだ[1]。

　ハワード・クラーク・キー（Howard Clark Kee）（Kee 1990）は、プロスエウケーからシナゴーゲーへの変化は後1世紀末か2世紀初めに生じたと

主張する。文献資料によると、建物を表すシナゴーゲーの用法は最も古い証言で3世紀末に属する。それまでは、シナゴーゲーは集った人々の共同体を特徴づけるために使用され、プロスエウケーは建物を示すために使用された（1990:6）。キーはまた考古学上の観察結果を提示している。それによるとパレスチナのシナゴーグが建築上識別できる組織であったことを示す、後200年以前に属する証拠は存在しない（1990:9）。後1世紀以前の時代に属するディアスポラのユダヤ人の礼拝所は、3世紀のシナゴーグがもつ多くの特徴を欠いており、これら各々の礼拝所はプロスエウケーとして理解されていたようである。1世紀のファリサイ派の研究は、礼拝や組織が形式的に整っていたという証拠は何ら示せはしない。また、証言のすべては、1世紀末までユダヤ人は「トーラーの新しい適用のために、グループ・アイデンティティの強化のために、そしてイスラエルの神への献身を高めるために、非公式の集まり」（1990:14）に参加していたことを示している。こういうわけで、パウロとその仲間が宣教のためにシナゴーグに入ることをルカが描写するとき、後代の（70年以後の）シナゴーグにおける礼拝形態を初期キリスト教の時代に反映させていることになる（1990:18）。

　考古学的、文献学的証拠に基づいて導き出されるどのような推論もそうであるように、キーの主張についても疑問が呈された。**リチャード E. オスター**（Richard E. Oster）（Oster 1993）は、ルカの弁護にまわり、キーが証拠のいくつかを不正確に伝えていると論じる。すなわち、キーはプロスエウケーとシナゴーゲーの用法に関してあまりに焦点を絞りすぎており、例えばヨセフスの著作に見られる重要な証言を見落とし、考古学的データを読み間違えていると言うのである。オスターは、シナゴーグについてのルカの描写は時代錯誤ではなく、70年以前のシナゴーグについて知られていることに実際うまく合致している、と結論づけている。キーの簡潔な反論は（1994）、オスターの主張のいくつかに疑問を呈するものであり、セオドトスの碑文に関するのちの彼の論文も同様である（1995）。この論争は近い将来に収束するようなものではない。これをどのように解決するか

は、他の事柄と相俟って初期のパウロの教会形成をどのように理解するかに影響を与えるものであることは明らかである。

ユダヤ教への改宗（Jewish Proselytism）

　1世紀のユダヤ人、特にファリサイ派が積極的な宣教活動を通してユダヤ教への改宗者を追い求めたことは、研究者の側ではかなり確かな前提となってきた（McKnight 1991:1-4における要約を見よ）。異邦人にとってユダヤ教の魅力は、唯一神信仰、民族的特権、道徳の強調であり、これらすべてはユダヤ人宣教者によって改宗者を引きつけるために利用された。この宣教への強い欲求は、マタイ福音書において確認されると見なされており、そこでは「律法学者たちとファリサイ派の人々」が「改宗者（プロセーリュトン）を一人つくろうとして、海と陸を巡り歩く」（マタ23・15）ゆえにイエスによって叱責されている。宣教の熱意はキリスト教宣教者にとって手本となり、彼らもまた最初はユダヤ教内の一グループとして、最終的にはキリスト教という新しい宗教のために、改宗者をつくろうと世の中へと出かけて行ったということが示唆される。それゆえパウロは、ファリサイ派としてかつて実践した全く同じことをキリスト信仰者として行ったと理解することができる。ただし、目的は異なっているが。

　最近の研究はこの前提に疑問を投げかけている。**スコット・マックナイト**（Scot McKnight）は、*A Light Among the Gentiles*（1991）〔『異邦人の中の光』〕で次のように論じている。古代のテキストは、ユダヤ教へ改宗した異邦人が存在したことを示しているが、「第二神殿時代のユダヤ教は宣教活動にほとんど関心はなく」、「宣教する宗教ではなかった」（McKnight 1991:7）。マックナイトは、ユダヤ人がヘレニズム的環境に同化しつつも、同時に環境に順応しなかった様々なあり方を調査している。つまり、ヘレニズム的教育、異邦人に対する友好、いくつかの点における思想の同化はユダヤ人側に開放性をもたらしたが、他方、選民意識や、アブラハムおよびモーセ

の契約は、異邦人を遠ざける社会的境界線を作って、ユダヤ民族が異教世界と混交することを防いだ。要するに、ユダヤ民族は異邦人にとって「親切だが近寄りがたい」存在であった（McKnight 1991:29）。

マックナイトの第2章と第3章は、ユダヤ教への改宗者を論じる古代の資料を再検討しており、とても重要である。その資料は次のことを示している。すなわち、「ユダヤ人はユダヤ教に進んで改宗する異邦人には通常好意的に接するが」（1991:45）、「ユダヤ人が異邦人に宣教したり、ユダヤ教に積極的に引き入れたりした証拠はほとんどない」（1991:48）。異邦人がユダヤ教に改宗するほとんどの手段は、「他人まかせな」宣教であった。ある者は神の力強い行為に説得されるかもしれないし、ある者はユダヤ民族のアイデンティティを築くユダヤ文学に触れて改宗するかもしれない。確かにシナゴーグは、教えを求めてやって来る異邦人に開かれていた。また、遺棄された異邦人の幼児をユダヤ人が教育すると、その子どもたちは「ユダヤ人」と見なされるようになった。良い人生や善行は、最も効果的に人々をユダヤ教に惹きつける役割を果たすことになった。外部の者に対するこのようなユダヤ人の態度は、「異邦人の中の光」（1991:48）となったのであった。古代からの証言は、異邦人を改宗させようと積極的に活動した数人の宣教者のことを例外的に示しているに過ぎない（1991:75）。「つまり、ユダヤ教は宣教する宗教ではなかったと言うことができる」（1991:77）。

マーティン・グッドマン（Martin Goodman）による二つの研究、*Mission and Conversion*（1994）〔『宣教と改宗』〕と "Jewish Proselytizing in the First Century"（1992:53-78）〔「第1世紀におけるユダヤ教の改宗」〕は、マックナイトと同じ結論である。グッドマンは、1世紀のユダヤ人が改宗者を獲得するために積極的に宣教を推進したことを示しているとして挙げられる資料を再検討し、そのような立場は「とても弱く」、実際にはそのような宣教の存在を否定する十分な理由がある、と結論づけている（1992:70）。ユダヤ教に共鳴する異邦人を獲得するための宣教を示す証拠もいくらかはあるが、その宣教は、1世紀においてしばしば前提にされている「改宗目的

の世界宣教とは似ても似つかぬものである」(1994:87-88)。異邦人は、ユダヤ教に接近することは拒否されなかったが、大半のユダヤ人は自分たちの信仰をおとなしく証言することを自分たちの役割と見なしていた。そして「そのような証言に異邦人がどのように反応するかは異邦人まかせであった」(1992:72)。

　マックナイトとグッドマンの研究から得られる、私たちの目的にとって最も重要なことは、今まで事実であると常に考えられてきた、1世紀のシナゴーグは異邦人改宗者を獲得するためのユダヤ人による宣教推進の拠点であったということ (Jeremias 1958:11-19、Georgi 1986:83-151、特に84を見よ) に対して反証となる証拠が収集された、ということである。シナゴーグを拠点とした「ユダヤ教宣教」は、宣教に対するキリスト教の強い情熱の原型ともはや見なすことはできない。なぜならそれは全く存在しなかったからだ。むしろこの証拠から私たちが見出すのは、シナゴーグのより消極的な役割である。すなわち、少数の改宗者を受け入れ、更に多くのユダヤ教同調者、しばしば「神を畏れる者」と呼ばれる人々も受け入れはするが、しかし後者の人々に対しては積極的に追い求めることはしなかった[2]、ということである。次に、神を畏れる者について論じるが、これもまた最近の研究において論争の種となっている。

神を畏れる者の存在 (*The Existence of God-Fearers*)

　ルカは物語の多くの箇所で、シナゴーグに密着していて、使徒言行録では「神を畏れる者たち（ホイ・フォブーメノイ・トン・セオン）」(使10・2、22、35、13・16、26)、「神をあがめる人たち（ホイ・セボメノイ・トン・セオン）」(使13・43、50、16・14、17・4、17、18・7) と表現されるグループから初期キリスト信仰者の集団が形作られたことを示している。この表現はユダヤ人には用いられておらず、ユダヤ教に惹かれシナゴーグの集会に出席するほど深い結びつきをもっていた異邦人を指していると思われる。

しかしそのように表現された人々がユダヤ教に完全に改宗し、改宗者（プロセーリュトス）となったとは考えにくい（Lüdemann 1987:155、使2・11、6・5、13・43。参照：マタ23・15）。「神を畏れる者」という用語でしばしば表現される「同調者」のグループの存在は、長らく想定されてきた。その存在は、パウロのグループの起源を初期シナゴーグから説明するためにしばしば利用され、パウロはシナゴーグで宣教しその結果、異邦人である神を畏れる者を改宗させ「異邦人の使徒」になったと考えられてきた。しかし最近になって、このグループの存在そのものに疑問が投げかけられている。

A. T. クラーベル（A. T. Kraabel）[3]は、ディアスポラのシナゴーグに連なる「神を畏れる者」の一団が存在したという主張に強く反対している。1981年の論文"The Disappearance of the God-Fearers"〔「神を畏れる者の消失」〕で、彼は、「神を畏れる者」を初めて描いたのは使徒言行録であり、他の証言はこれに合わせられている、と解説している。「常にルカから専門用語が引き出された……それらは、使徒言行録に出てくるフォブーメノス〔畏怖する人たち〕とセボメノス〔あがめる人たち〕、そしてセボメノスの別形と考えられ、碑文にしばしば現れるセオセベース〔敬う人〕である」（Kraabel 1981:114-15、強調は原文のまま）。クラーベルは、神を畏れる者の存在を裏付ける信頼に足る証拠としてはルカ文書を頼ることはできず、それがルカの描写にとてもよく合致する場合は特にそうだ、と考えている[4]。

クラーベルは、ディアスポラにある六つのシナゴーグ跡を調査し、ユダヤ教に強く同調した異邦人がこれらの都市に存在したことを示す証拠は見出せないと論じている（デュラ・ユロパス、サルディス、プリユネ、デロス、ストビ、オスティア）。この「沈黙からの議論」（Hemer 1983:54）は、ディアスポラのシナゴーグに結びついた「神を畏れる者」の一団が存在しなかったことを、決定的に証明することはできないが、ルカの描写には疑問を投げかける。クラーベルは以下のように指摘する。「この仮説〔神を畏れる者が存在しなかったということ〕を論破するためには相当な数の新証拠が必要であろう。まさに使徒言行録におけるようにフォブーメノスあ

るいはセボメノスという用語を明示的に使用している碑文は、役に立つだろうがしかし十分ではない。なぜならその碑文は、せいぜいその特定のシナゴーグに神を畏れる者が存在したことを証明するのみだからである」(1981:121)。

アフロディシアスのシナゴーグからの碑文（後3世紀初期［210年ごろ］、Reynolds and Tannenbaum 1987:5-7）がそれにあたるであろう。多くの研究者はこの碑文が神を畏れる者の存在を示していると見なしている。アフロディシアス碑文におけるセオセベース〔「敬う人」〕の使用はタネンバウムによって簡潔に論じられている（1986:56-57）。タネンバウムはその碑文でセオセベイス〔「敬う人たち」〕が目立っていること、そしてそこから読み取れる、タルムードや初期キリスト教文書で言及されている人々との類似点に注目し、碑文でこのように表現されている人々はシナゴーグに引きつけられているが、完全な改宗にはまだ至っていなかった、と結論づけている。

この碑文を証拠として利用することは問題をはらんでいる。まず、当の証言は、パウロのキリスト教を理解するにはあまりにも後代に属している。二つ目に、使用されている用語は、セオセベース（34行）であり、使徒言行録では使用されていない。三つ目に、タネンバウム自身が指摘しているように（1986:57）、碑文には九名の市会議員について言及があるが、彼らは複数の異教の神々に犠牲をささげることが要求されたと思われる。このことは「神を畏れる者」は他の神々の礼拝をやめることなく、シナゴーグに参加することができたことを示している。これについて、マーフィー＝オコーナー（Murphy-O'Connor）（1992:122）は、碑文が困窮者のための無料食堂の入口に置かれていたという点について当の碑文から読み取れることを、タネンバウムは真剣に考慮していない、と指摘している。そのような建物は「社会の必要にこたえるものであり、市民としての義務を有した異邦人がその必要性に同意することは、ごく自然なことであっただろう。なぜならそうすることはユダヤ人の共同体だけでなく市に貢献す

ることであったからだ」。ここでのセオセベースという表現は、異教徒である寄贈者の道徳的な人格に対する単なる賛辞に過ぎないということになる。従って、セオセベースが古代において専門的な、もしくは準専門的な意味を持っていたと想定すべきでない。事実、この用語は異邦人が町の仲間としてのユダヤ人に友好的であったこと以上のことは何も示していないと考えてよいだろう（MacLennan and Kraabel 1986:51）[5]。

「神を崇拝する者」という表現がルカによって構成された概念であることは、キリスト教に改宗する異邦人をそのような存在として明示したいというルカの強い志向から明らかである。ルカ福音書・使徒言行録で「ユダヤ教の同調者」として特徴づけられている異邦人は、百人隊長（ルカ7・5）[6]、エチオピア人の宦官（使8・27〜28）、コルネリウス（使10・2。参照：彼の随行員10・7）である。「神を畏れる者」は、最初にユダヤ人、それから異邦人へと向かう宣教者としてパウロを描くルカの形式を乱さないように使われている（参照：Kraabel 1994:85）。こういうわけで、クラーベルは次のように結論づけている。

> 神を畏れる者は必要なときに舞台にあがり、物語の筋立てにそって役割を終えたあと、舞台から降りる。使徒言行録は、ローマ帝国内のシナゴーグにそのようなグループがかつて存在したという証拠として使用することはできない（Kraabel 1981:121、Kraabel 1994:85）。

そしてクラーベルは、「神を畏れる者は、ルカがどのようにしてキリスト教が旧約聖書のルーツを失わずに、合法的に異邦人の宗教となったのかを描く助けとなった表象である」（Kraabel 1981:121。強調は原文のまま）と論じている。

すべての研究者が、クラーベルの議論をすぐに受け入れたわけではない[7]。例えば、アフロディシアス碑文で言及されている無料食堂への寄贈者九名の理解については、タネンバウムと見解が異なるにもかかわらず、

ジェロム・マーフィー＝オコーナー（Jerome Murphy-O'Connor）("Lots of God-fearers? *Theosebeis* in the Aphrodisias Inscription" [1992] 423-24)〔「神を畏れる多くの者？　アフロディシアス碑文におけるセオセベイス」〕は、セオセベイスとして碑文の始めのところで名前があげられている二人の男性は、改宗者と呼ばれる段階にまだ至っていないが実際にはユダヤ人共同体の一部であった、と主張している。このことは後1世紀のユダヤ人の奴隷解放の碑文によって確認される（*CIRB* 71）。これらの碑文にはセオセベースという名称が用いられており、その名称が単なるルカによる神学的創作物ではない、ということを示している。しかしマーフィー＝オコーナーは、この用語は曖昧であり文脈によって異なる意味で使用することができ、それゆえ単一の定義を安易に想定すべきではない、と忠告している。

J. アンドゥリュー・オーヴァーマン（J. Andrew Overman）の"The God-Fearers: Some Neglected Features" (1992)〔「神を畏れる者——見落とされたいくつかの特徴」〕はクラーベルの研究に対してかなり批判的である。オーヴァーマンは、クラーベルが「ローマ帝国内の離散したユダヤ人共同体の生活に関わっている、もしくは引きつけられている異邦人のグループまたはその群れ」の存在を示す重要な証拠を見逃している、と指摘している（1992:146）。オーヴァーマンは、ユダヤ教に引きつけられた非ユダヤ人たちの群れが長期間存在しており、彼らが徐々に「神を畏れる者」として知られるようになったことを、七十人訳ギリシア語聖書のいかに多くの表現が示唆しているか、そしてルカがそれを知っていたであろうことも示している。オーヴァーマンはさらに、使徒言行録に出てくる・ホイ・フォブーメノイ〔畏れる者たち〕、セボメノイ・トン・セオン〔神をあがめる者たち〕と同一の表現はその時期までの文献や碑文には出現しないかもしれないが、ヨセフスやフィロン、ユウェナリス（風刺詩14、130年頃）のような著作家に見られる記述や、アクモネアとサルディスから出た碑文は、そのようなグループが存在したことを示している、と論じている。事実、オーヴァーマンは、「相当の異邦人がユダヤ教に明らかに引かれていた」と結

論づけている（1992:151）。
　これらの研究者の主張から分かることは、クラーベルには1世紀におけるユダヤ教に同調する異邦人の存在をあまりにも強く否定し過ぎる嫌いがあるのかもしれないということである。帝国内では東方の諸宗教に引きつけられる人々があちこちにおり、そのため確かに何人かの人々がユダヤ教を知ろうとしたことであろう。しかし、使徒言行録の描写を簡単には受け入れないクラーベルの慎重さは十分根拠があり、初期パウロ教会の形成を描くルカの記事を使用するには注意が必要であることを、研究者に訴えている。大半の文献において問題となっていることは、ユダヤ教に引きつけられた異邦人の存在そのものについてではなく、このグループの規模である。証拠が量的にわずかであるため、十分な証拠が示されない限り、大規模な「神を畏れる者」を性急に想定することはできないであろう。

モデルとしてのシナゴーグ（Synagogues as a Model）

　1世紀のシナゴーグの性質、ユダヤ教宣教の存在、シナゴーグに結びついた「神を畏れる者」の存在に関して活発な議論が継続している。しかしこれらの議論の中で多くの研究者は、パウロの初期の教会がシナゴーグから直接派生したものであったため、シナゴーグが初期パウロの教会形成や構造を理解するうえで最良のモデルである証拠を見出している。
　ジョン G. ゲイジャー（John G. Gager）、*Kingdom and Community*（1975:126-29、135-40）〔『神の国と信仰共同体』〕によれば[8]、ディアスポラのユダヤ教は、キリスト教がパレスチナを超えてギリシア・ローマ世界に様々な形で適応するための「青写真」を提供した。すなわち、聖典（セプトゥアギンタ）の使用、聖書解釈の方法、ユダヤ教文書の改訂作業（例えば、『シビュラの託宣』）、フィロンの影響、キリスト教宣教者が改宗者の獲得を企てる場所の準備、すなわちシナゴーグである。指導体制、典礼・儀式、社会習慣の点で、キリスト教の共同体はディアスポラのシナゴーグの基本

構造を取り入れることで自分たちの集会を形成した。ディアスポラのユダヤ教は「主要な世界宗教」となる可能性に到達することがなかったゆえ、その点、キリスト教は社会的・政治的視点からすればユダヤ教に勝利した(1975:139)。そして、ヘレニズム的キリスト教は、祭儀律法による拘束や民族国家的アイデンティティと結びつくことなしに、ユダヤ教がもつ特典をすべて人々に提供したのである(1975:139-40)[9]。

1985年の論文 "Breaking Away: Three New Testament Pictures of Christianity's Separation from the Jewish Communities"(1985)〔「決別――キリスト教がユダヤ人共同体から分離することについての、新約聖書の三つの描写」〕で**ウェイン A. ミークス**(Wayne A. Meeks)は、どの都市の中心であってもパウロのキリスト信仰者集団とユダヤ人共同体とが接触することはほとんどなかった、と主張している。使徒言行録ではなくパウロの手紙に基づいて、ミークスはパウロのキリスト信仰者集団の組織形成がシナゴーグではなく家であり、パウロとユダヤ人の間には、ある程度のものは別として衝突はほとんどなかったと論じている。ユダヤ教は、パウロ的キリスト教のアイデンティティに関して神学的には重要な役割を果たした。しかし社会的にはパウロのグループはユダヤ教の分派ではなく、「教会が成立した諸都市において、ユダヤ人団体とは独立して生活を組織した。証拠が示す限り、パウロのグループがユダヤ人とほとんど、あるいはまったく相互交流をもたなかったことは明らかである」(1985:106)。

パウロ的キリスト教のアイデンティティは、ユダヤ教の文脈にかつて身をおいていたことには起因しない、とミークスは正しく主張している。しかし彼が家を持ち出していることは適切な代替案ではない。序論で見たように、家は古代においてシナゴーグを含め最も小さいグループ形成の基礎であった。ミークスは、類比を見出す際もっと具体的である必要がある。事実、少し前の研究では彼はそうであった(1983年)。初期キリスト教集団の形成を理解するために利用できる様々なモデルを手短に説明する際、ミークスはシナゴーグを都市キリスト教集団を理解するための「最も近

く、最も自然なモデル」と呼んでおり（1983:80-81〔邦訳217-220頁〕）、これらの集団はユダヤ教から派生したとしている（1983:80〔邦訳217頁〕。参照：1986:110）[10]。双方には数多くの類似点がある。まず、ユダヤ教とキリスト教の両グループは、地域性を越えるより大きな運動体に属しているという帰属意識をもっていた。二つ目に、パウロのエクレーシア〔教会〕の使用は、ギリシア語を話すユダヤ人の特別な用法と類似している（ミークスはエクレーシアが、シナゴーグを指して使われた証拠を引用することはできていないが）。三つ目に、両グループは集会のために個人の住居を利用した。そして、それらの集会の組織は「おそらく」似通っていただろう。

　ミークスは同時に数多くの相違点も認めなければならない。役職を指す用語は双方で異なっており、教会では女性は重要な役割が与えられ[11]、教会の会員資格は民族的出自によって限定されず、パウロはユダヤ教のある儀礼を拒否している（例えば、割礼）。それゆえ、シナゴーグはミークスにとって最適のモデルであるが、パウロの教会形成という事象を充分に説明するにはなお不完全であると言える[12]。

　ジェームス・バーチェル（James Burtchaell）の1992年の研究、*From Synagogue to Church*〔『シナゴーグから教会へ』〕は初期キリスト教会の職制に注目している。彼は宗教改革から現代までの議論の歴史をたどり、新約聖書自体に（つまり、最初期の信仰共同体に）教会職制の起源があったとする主張と、教会職制は2世紀に始まったとする反論の展開を詳しく描写している。バーチェルは、初期キリスト教会には権威者や職権はなく、組織は未発達で自発的なものであったという「大多数の見解」が、6世紀間にわたって事実上問題視されずにきたことを指摘している。結果としてこのことは、新約聖書の理念に自らを基礎づけたいと考えている現代の教会の理想となった。この研究結果として、バーチェルは著書の後半部分で、最初期から教会は典礼を執行する役職者をもっていたと提唱し、現代の多くの解釈に反論している。しかしこれらの役職者は、信仰共同体における最高権威をもっていなかった。この役職は神から霊感を受け、典礼の宣言を

第1章　シナゴーグ

行うカリスマ性を帯びた一般信者に属するものであったのだ（新約聖書やディダケー〔十二使徒の教訓〕のような他の初期キリスト教文献において示されているように）。

　同書の後半部分は、私たちの考察にとってより重要である。バーチェルは、古代ユダヤ人共同体からの証拠を吟味し、どのようにキリスト教会がシナゴーグの機能を継承していたのかを示している。バーチェルはシナゴーグの歴史を略述し、ユダヤ人共同体内において（パレスチナとディアスポラにおける）シナゴーグが持っていた多様な機能を簡潔に描写したあと、彼の重要な関心事であるシナゴーグの役職に注意を向けている（1992:228-63）。そして多くの証拠の中に、ユダヤ人シナゴーグに典型的なものとして共同体プログラム・礼拝儀式・伝統的職務を見出すことができると結論づけている。このことは、シナゴーグと教会のつながりを示す類比的パターンを認識できるかを考察するために、キリスト教会に考察の目を向ける際に重要となる。

　バーチェルは、キリスト信仰者集団の構造がどのようにシナゴーグをモデルとして生じたのかを説明する際、「用語体系における変化」と「キリスト教に特有の展開」を方法論として考慮に入れておきたいとしている（1992:274）。しかしながら、この方法論的申し立ては、彼の議論において直ちに論理展開上の弱さとなっている。なぜなら、バーチェルはシナゴーグと教会との直結を主張するが、ほとんどすぐあとにキリスト信仰者の集団や役職の用語体系について（例えば、パウロはエクレーシアを使用しシナゴーゲーは決して使用しない）、バーチェルはユダヤ人共同体から「キリスト信仰者が自身を区別し始めている」ことを認めなければならないからである（1992:278）。彼は「用語体系は共同体構造そのものではない」と主張することでこの問題を小さくしようとしているが（1992:278）、そのことを論証してはいない。実際、バーチェルの考察は証明しようとするものをあらかじめ事実として前提しているようだ。つまり、シナゴーグから教会への連続性があったと想定した上で、相違すべてを、キリスト信仰者がユ

ダヤ人グループから分離していく上で生じたものとして説明しようとしている。しかし、教会とシナゴーグの想定された連続性に関して、バーチェルは説得的な議論を一切展開していない。彼が指摘する会員資格、指導体制、財産所有権、用語体系における相違点は（1992:340-48で要約）、彼が描く機能に関する類似点を大きく上回っているように思える（1992:339-40）。実際、両者に類似する機能として彼が述べているものは（祈り、儀礼的食事、共同体の方針についての議論、懲罰の執行、役職の選択、死者の葬り、埋葬地の維持）、他の多くの種類の集団にも当てはまるほど一般的なものであり、教会とシナゴーグとの間に明確な結びつきがなくてもよい。世界規模の組織であり地域的な自治共同体は存在しないという点に類似を見出すのは、証拠の単純な読み間違いである（Ascough 1997を見よ）。これらの問題をさらにややこしくしているのは、パレスチナのキリスト教とその他のキリスト信仰者の集団をバーチェルが混同していることである（例えば、都市部におけるパウロのグループ。参照：1992:336、352）[13]。従って、バーチェルはキリスト信仰者の集団間における根本的な相違を見逃している。

マイケル D. グールダー（Michael D. Goulder）("Silas in Thessalonica," 1992)〔「テサロニケにおけるシラス」〕は、教会が「シナゴーグという母胎から」生まれたと提言している。彼の研究は、**ジュディス M. リュウ**（Judith M. Lieu）("Do God-fearers Make Good Christians?" 1994)〔「神を畏れる者は良いキリスト信仰者を生み出すのか？」〕において要約されている。リュウは議論の出発点として、教会が最初はシナゴーグ内で形作られ、その起源ゆえに多くの神を畏れる者を引きつけたとしている。これら神を畏れる者たちは唯一神教に共感し、それが要求する倫理的価値観に敬意を払った。このことだけでなく、七十人訳ギリシア語聖書のテキストに記録されているような、ユダヤ民族の歴史と経験における神の啓示にも、彼らは精通していた。それゆえパウロは、手紙の受取人がこれらのテキストについてある程度知識をもっていることを前提にして、聖書に訴えて議論することができた。

第 1 章 シナゴーグ

　これら神を畏れる者たちは、シナゴーグの正会員になることができなかった。なぜならそれには割礼、すなわち、「命を脅かすことはなくとも、道徳的に受け入れ難く、痛みが伴う」処置を要求されたからである（1994:334）[14]。しかしキリスト教はユダヤ教の倫理的一神教を肯定する一方、神を畏れる者に対して共同体の完全な会員資格を提供した。それゆえ、神を畏れる者の多くはキリスト信仰者になり、唯一神信仰と高い倫理基準への忠誠によって「立派な」キリスト信仰者となっただろう。それに対して、いわゆる異教徒はキリスト教について「十全な理解」をもたず、異教の「古い風習」の名残を引きずり、おそらくそのために「出来の悪い」キリスト信仰者となっただろう、とリュウは考える。しかし、キリスト信仰者となる「神を畏れる者」にとって、ユダヤ教との部分的なつながりは重大な弱点でもあった。律法遵守（例えば、食物規定、祭暦の遵守、割礼）に対する彼らの願望は、キリスト教内では実現されず、そのため、神を畏れる者はユダヤ人キリスト信仰者にとって格好の宣教標的になっただろう（1994:335）。
　リュウの再構成は、ユダヤ教とキリスト教が交差していたことについて教えられるところが大きい。しかし残念なことにリュウの描写を受け入れる者は、いくつかのパウロのテキストに神を畏れる者の存在を性急に想定してしまい、他のパウロのテキストに十分な注意を払わないことになる。「異教徒の」改宗者が古い生活習慣に逆戻りしてしまった事態にパウロが取り組んでいる様子は、しばしば見出すことができる。そして改宗者の言い分を考えると、彼らは神を畏れる者ではあり得ない（例えば、コリント人が直面している多くの倫理的ジレンマ）。さらに重要なことは、リュウの再構成は、使徒言行録で示されているような「あっという間の改宗」というパターンを前提としている。神と「神の民」の関係の把握やそれに付随する一神教的倫理観は、パウロの指導のもとに徐々に到達され得たであろう。このことは、1 世紀にユダヤ人があまりいなかったと考えられる地域では特にそうである（例えば、フィリピやテサロニケ）。

実際、リュウ自身がこの再構成に伴う問題を認識している。彼女は、「『シナゴーグへの帰属』は個人的な宗教上の必要や関わりの観点からではなく、社会に対する忠誠や社会的地位という広範な枠組みの中で解釈されなければならない」と論じている（1994:337）。すなわち、神を畏れる者はたんに敬虔な動機をもっていただけではない。多くの社会的要因のために彼らは、ユダヤ人共同体が構築した諸関係のネットワークに参加することが望ましいと考えたのだ。社会的、政治的な利益はシナゴーグを支援することで獲得できただろうし、それが、神を畏れる者についてよく知られた二つの例、すなわち、異邦人パトロンであるアクモニアのユリア・セヴェラ（*CIJ* 766）とユダヤ人慈善団体に寄付したアフロディシアスの九人の市会議員、の背景におそらくあっただろう。

リュウは、宗教的理由でユダヤ教に引かれた異邦人が存在した一方、他の多くはユダヤ教が提供する社会的な利益に引かれた、と結論づけている。しかし彼らがその後立派なキリスト信仰者、あるいは、ともかくキリスト信仰者になった、ということは自明ではない。というのは、キリスト教は少なくとも初期の段階では、ユダヤ教が提供した社会的な利益を提供しなかったからである。ユダヤ教の信奉者になるか、あるいはキリスト教の信奉者になるかという決断は、神学的議論に限定されるのではなく、複雑な複数の社会問題と結びついていた（1994:345）。

ハワード・クラーク・キー（Howard Clark Kee）は、*Who Are the People of God?*（1995）〔『誰が神の民か？』〕において、初期キリスト教会の一連のモデルを作り出して、種々異なるキリスト信仰者のグループそれぞれをこのモデルに位置づけようとしている。しかし、その五つのモデルはユダヤ教に由来する。すなわち、賢人の共同体、律法遵守の共同体、神の臨在の共同体、神秘的参与の共同体、民族的にも文化的にも開かれた共同体、である。各々のモデルはユダヤ教のテキストから説明される。キーは、これらのモデルそれぞれが、一つかそれ以上のキリスト信仰者の集団によって採用され、結果としてキリスト信仰者の集団自体がより形式的な構造や組織

へと発展していった、と論じている。

　パウロの共同体は「賢人の共同体」のモデルに当てはまる[15]。そのような共同体は、自分たちは特別な知恵を受け取るために神によって選ばれたと自己認識している。特別な知恵を学ぶことで不安定な世界を生き延びることができるというのである。このような問題は黙示文学においてしばしば取り扱われたものである。ユダヤ教の黙示文学には、ベン・シラの知恵〔シラ書（集会の書）〕、ソロモンの知恵、ダニエル書、第一・第二エノク書、ヨベル書、第二バルク書、第四エズラ書〔エズラ記（ラテン語）3-14章〕が含まれる。キーはこの伝承を反映する初期キリスト教会の著作は、言葉資料（Q）[16]、パウロの手紙、ヨハネ黙示録、ユダ書、第二ペトロ書であるとしている。

　パウロはそれまでの自身の人生に強い影響を与えた二つの出来事、すなわちファリサイ派教育と、ストア主義および中期プラトン主義との出会い故に、「賢人の共同体」のモデルを受け入れた（1995b:73）。ファリサイ派の教育によって、彼は聖書を日常生活に関連づけることに強い関心をもった。ストア派的な影響は、パウロの思考が有する、自然法との親近性とそれを理解できる人間の能力についての概念、道徳的責任と人間の美徳、死後の生の信仰に見られる。キーは、パウロが故郷タルソスでストア哲学に直接出会った可能性を認めているが、その哲学はおそらくディアスポラのユダヤ教というフィルターをまず通してのものだったと考えている。このことはとりわけ、ユダヤ教が周囲のギリシア・ローマ文化から大きな影響を受けていたことによる（1995b:73。参照：145-57）。こういうわけで、哲学的思考はパウロを理解する重要な背景のひとつであるのだが、他方キーは、パウロが創設した教会はユダヤ的な考え方や生活様式にもっぱら基盤をもっていたと想定している。本書が扱っているモデルの観点から表現するならば、彼らは「哲学学派」というよりは「シナゴーグ」であった[17]。

　1995年の論文 "The Early Church: Internal Jewish Migration or New Religion"（「初期キリスト教会――ユダヤ教内移住か新しい宗教か」）で**ディー**

ター・ゲオルギ（Dieter Georgi）は、初期キリスト教文献に由来するすべての証拠は、キリスト教が1世紀のユダヤ教に真っ向から対立する別個の宗教というよりは、その一分派として現れたことを指し示している、と論じている。ゲオルギは初期キリスト教文献を概観し、初期キリスト信仰者の生活領域において、「イースター体験」はユダヤ教の聖書にある概念に照らして解釈されたため、ユダヤ教に反するものとは見なされなかったことを示している。このことはイエスやステファノ、そしてパウロにさえ当てはまる。ユダヤ人やユダヤ的な事柄に対するパウロの反論は、ユダヤ教の伝統内部に見られる論争と対立の歴史という、より広い視野のもとで理解されなければならない（1995:46）。ゲオルギは、このような歴史を旧約聖書の預言者、ヨセフス、クムラン、ラビ資料に基づきながら豊かに例証している。

　その証拠はすべて、1世紀のユダヤ教内には様々なグループがあり、それらはしばしば他のグループに対して敵対関係にあったことを示している。ゲオルギは、あるグループと別のグループとの論争があまりに激しいので、しばしば「ユダヤ人に対する新約聖書の論争が穏やかに見える」ほどである、とさえ主張している（1995:46）。1世紀のユダヤ教は「多様で、多元的な現象」であったので、イエスの追従者のグループが加わっても「さほど大きな変化が生じることはなかっただろう」（1995:48）。いくつかの有力なグループがローマ当局から正統であると見られようとして互いに争い始め、ユダヤ教主流派とキリスト教主流派が形作られたのはようやく1世紀の終わり頃になってからのことであった（1995:65-66）。

　ゲオルギは、1世紀に多様なグループが生じた傾向を、「ユダヤ教内の内部移住」と呼んでいる（1995:56）。パウロによる教会の創設はそのような「内部移住」として理解しなければならない。ゲオルギは、パウロがユダヤ教と衝突することになったと考えられる決定的な問題点を再検討している。パウロの律法理解（すなわち、律法は「共同体の未来を切り開くものであり、その未来の内で相互信頼が実現する」、1995:62）と神の無条件の恵みに

ついての理解は、かつてユダヤ教内で探究されていた。パウロは他のユダヤ教グループがもっていた諸概念をただ繰り返しただけではないが、今まで聞いたことのない方策を講じて、「新しい様式の経験・思考・言説の中に」入って行ったわけでもない（1995:63）。パウロは一人のユダヤ人改革者であって、新しい宗教の提唱者ではなかった。

　1世紀のユダヤ教がもつ多面的な性質についてのゲオルギの議論は説得力がある。明らかに、多くのユダヤ人キリスト信仰者は事実、ユダヤ教内の「移住」という大きな趨勢の一部であった。しかし、二つの問題が生じる。一つは、グループの自己アイデンティティの問題である。マタイ共同体、そしてその前身となる人たちでさえ、自分たちが「ユダヤ教の保守的な側」に位置していると理解したかもしれない（1995:53）が、他方彼らは、他のグループ（より具体的には、急進的ラビたち）はユダヤ教の伝統を捨ててしまったと見なしただろう。すなわち、論争の渦中にある人々にとって、問題は「ユダヤ教」という大きな範疇内における「移住」のことではなく、イスラエルに与えられた約束の正統な相続者は誰なのかという問いに関する「内か外か」の議論であった。ユダヤ教内移住という包括的な理解は、現代の研究者にとって、とりわけキリスト教・ユダヤ教の対話に関わっている人たちにとって有益である[18]。しかしその理解は、論争に入り込んでいるグループの自己理解についてほとんど何も語らない。

　二つ目の問題は最初の問題に関連するもので、特にパウロに関係する。パウロによって伝えられた「イースター体験」を受け入れるようになった人々の多くは、ユダヤ人ではなかった。確かにユダヤ人はいたが、多くの場合彼らは彼らが属する共同体の多数派でさえなかった（例えば、ガラテヤ、フィリピ、テサロニケ）。そのような場合、彼らが自己のアイデンティティを理解する際にユダヤ教の諸グループとの競合関係において自らを捉える可能性は低い。むしろ、社会一般のあらゆるグループとの関係において自らを認識しただろう。それゆえ、パウロのエクレーシアの用法はゲオルギが認める以上に重要になってくる。ゲオルギは、パウロ自身「ク

リスチャン」あるいは「キリスト教」という用語を一切使っていないことを指摘し、パウロがこれらの用語を知らなかったことを示唆している（1995:40）。しかしゲオルギが認めるように、パウロはシナゴーゲーもプロスエウケー〔「祈り、祈りの場所」の意味〕も使用していない。ゲオルギは、パウロが地元のユダヤ人グループでなく、「地元の劇場に集う自由市民の集会」と意図的に競うためにエクレーシアを使用している、と論じている（1995:41）。そうすることでパウロのグループは、他の小規模な非ユダヤ人による諸団体（「任意団体」）とも競合していただろう。そういった団体は、しばしば市民団体の用語法を利用していた（たいていは、直接的な競合としてではなく、「社交辞令としての模倣」の意味で利用した）。

　ゲオルギの論文は、以前認められていたよりも広範囲の枠組みの中で初期のキリスト教とユダヤ教の対話を位置づけており、有益なアプローチである。しかしパウロの共同体がどのように形作られたか、そして彼らの自己のアイデンティティがどのように展開していったかを理解する上ではあまり役に立たない。

結論（Conclusion）

　ユダヤ教のシナゴーグに関する私たちの理解の大部分は、文献学的、考古学的な詳細な研究によって真偽が問われ、微妙な意味合いがつけられ、深められてきた。その結果、初期のパウロ共同体の類比としてシナゴーグのモデルを利用することは問題をはらんでいることが分かった。キリスト教の宣教活動への欲求が、ユダヤ教のそれから得られたものであると結論することも、パウロが最初の改宗者をシナゴーグで得たとする使徒言行録の記事を額面通りに受け止めることさえも難しい。にもかかわらず、パウロ的キリスト教が1世紀のユダヤ教と深い関係を持っていたという証拠は明らかに存在するし、1世紀のユダヤ教の研究から事実多くのことを学ぶことができる。しかしこれまで見てきたように、シナゴーグを類比として

利用することには問題がないわけではない。だからこそ、研究者は他のモデルを探究してきた。次にこれらのモデルに目を向けることにする。

注

1. Kee 1995aによる詳細な研究を見よ。

2. グッドマン（1994:109-53）は、後2世紀以降ユダヤ教側の宣教が活動的になったのは初期キリスト教の世界宣教から直接影響を受けた結果であった、と論じている。グッドマンは、宣教への欲求がまさにキリスト教の中から湧き上がったと論じている。その正確な起源を辿ることは困難であるが、おそらく終末論的熱狂、使徒パウロの特別な人格、再臨遅延に対する落胆（1994:167-68）、教会への異邦人の受容に関するキリスト教内部の議論に由来するだろう（1994:170）。

3. MacLennan and Kraabel 1986も見よ。Wilcox 1981も参照。これを含めたクラーベルの多くの論文はOverman and MacLennan 1992において再出版されている。

4. 考古学的証拠はいくつか存在するが、その年代は大抵、後1世紀以降である（例えば、Nock 1972a:51、注2）。ラビ文献における同調者、改宗者、転向者の議論についても同様である（参照：Feldman 1986:62）。

5. サルディスのシナゴーグについて、クラーベルは大規模の「半改宗者」あるいは「神を畏れる者」が存在したことに納得していない（1994:79。Feldmanに反対）。確かに異邦人は、ローマ帝国においてユダヤ人と交流していた。しかし交流の理由は、「宗教」ではなく大抵は、商売や政治、友人関係によるものであった（Kraabel 1994:81、82。参照：79）。ディアスポラのユダヤ人は、支配的なヘレニズム文化にある、最も親しんでいた言語、概念、イメージ、考え、形などで自分たちを表現しただろう（Kraabel 1994:84）。このような表現に出くわしたからといって、「改宗者」というものを想定する必要はない。

6. このような記述は、Q資料にルカが付加したものであろう。Kloppenborg 1988:50を見よ。

7. クラーベル（とマックレナン）に応答しているフェルドマンを見よ（Feldman 1986）。しかし彼が挙げる例のほとんどは、後1世紀以降のものである。Segal 1990:93-96、特に95。シガールは、ルカの神学的思想がその描写に影響を与えたかもしれないと認めているが、「それにもかかわらず、神を畏れる者が大規模に存在した可能性がある」と主張している（1990:95）。

8. ゲイジャーの分析についてはSmith 1978を見よ。

9. ゲイジャーは、初期キリスト教形成を理解するための妥当なモデルとして密儀宗教（1975:129）や哲学学派（1975:134-35）をきっぱりと拒否している。それどころか彼は、もしキリスト教がこれらの集団の一つから制度的なパターンを採

用していたなら1世紀を越えて長くは生き延びなかっただろう、と主張している（1975:129、134）。

10. 彼は、シナゴーグが「コレギアとして合法的に見なされ、コレギア的な構造の多くの側面を採用した」ことを認めている（Meeks 1983:80〔邦訳217頁〕。参照：35〔邦訳83頁〕)。

11. しかしBrooten 1982を見よ。

12. キリスト信仰者がシナゴーグを模倣したことを示す明白な証拠がパウロの手紙には欠けているという理由で、ミークスはモデルとしてのシナゴーグをあまりにも性急に放棄している、とラヤックとノイは述べている（Rajak and Noy 1993:77）。ラヤックとノイは、ユダヤ人とキリスト信仰者が多くの習慣（聖書朗読、賛歌、祈り、共同の食事）を共有し、さらに「都市で生活し、偶像礼拝者たる『異教徒』と交流することで生じる、原則や実践に関わる多くの問題」を共有した、と主張している。このことはRajak 1985においてより詳しく検討されている。

13. 彼はまた、使徒言行録に描写されているキリスト教の拡大をいくぶん無批判に受け入れている。

14. リュウ（1994:334と注12）は、このことが男性だけに当てはまり、女性の場合「神を畏れる者」と「改宗者」との実際的な外見上の区別は不明瞭であることを認めている。

15. パウロの共同体は「包括的」でもある。しかしこれはパウロの手紙においてそれほど支配的な特徴ではなく、使徒言行録においてよりはっきりと表に現れる。

16. 言葉資料とは、マタイとルカに共通しているがマルコには見出されない資料のことである。

17. キーも見よ（Kee 1990:1-24）。キーは、福音書に示されているキリスト信仰者の集団（エクレーシア）と、シナゴーゲーという名称を採用し台頭してきたラビの集団とを関連づけている。

18. もちろん私は、とても重要なこの対話を妨げたくはない。

2

哲学学派

(Philosophical Schools)

パウロと道徳哲学者（Paul and the Moral Philosophers）

　使徒言行録は、パウロの宣教活動のほとんどをシナゴーグに位置づけて描いているが、哲学者たちのグループにパウロを位置づけて描写している箇所が二つある。使徒言行録17章16～34節によれば、パウロがアテネに到着したとき、彼は、エピクロス派とストア派の哲学者に出会い、彼らに「新しい教え」を説明するためにアレオパゴスに迎えられた。使徒言行録の著者は、アテネ人とそこに在留する外国人が新しいことを論じることにもっぱら時間を費やしたと特徴づけている（17・21）。アレオパゴスは、恐らくアテネ市民によるローマ認可の統治組織であった（Gill 1994:447を見よ）。しかし使徒言行録の著者にとって、パウロの聴衆にストア派やエピクロス派の哲学者が含まれていたことは明らかであった。

　しばらくしてパウロがエフェソに到着したとき、使徒言行録の著者は、ティラノという人の「講堂」（スコレー）で説教するためにパウロをシナゴーグから去らせている（使19・9）。スコレーの正確な意味は明らかでないが、ほとんどの研究者は哲学的な議論が交わされる場所あるいは集団を連想している[1]。使徒言行録の描写は、パウロをヘレニズムの道徳哲学者として決して捉えていないが、その描写はパウロの手紙と調和しないわけではない。多くの研究者は、パウロの手紙で使用されている言語の中に、彼が当時の通俗哲学の道徳的議論を利用し、適用しようとする意識を認めている。

　初期キリスト信仰者の集団を理解するための類比として、哲学学派を利用することは新しいことではない。古代においてさえ、例えば通俗哲学者セネカの教えとキリスト教の教えが類似しているため、セネカはキリスト信仰者であると主張された（Malherbe 1989c:67-68を見よ）。しかしごく最近になって、パウロの教説と実践の背景にある哲学的要素がますます注目されてきている。私たちは、哲学体系間の微妙な違いに立ち入ることはできないし、パウロが哲学者の用語や思考、あるいは戦略に依拠している箇

所それぞれを吟味することもできない。しかし私たちは、パウロが自身の教会を哲学学派に沿って形成したことを示しているかもしれない、パウロの言葉が見られる箇所を取り上げる。

ヘレニズムの道徳哲学者の技術をパウロが利用していることは、**アブラハム J. マラーブ**（Abraham J. Malherbe）の研究によって前面に押し出された。マラーブは、パウロの手紙（特に1テサ）とパウロの時代の「通俗」哲学者、例えば、キュニコス派（犬儒派）、ストア派、エピクロス派との類似点に注目している[2]。マラーブの *The Social Aspects of Early Christianity*（1983）〔『初期キリスト教の社会的側面』〕は、1975年にライス大学でなされた講演集である。これらの講演は1977年に最初に出版され、1983年に（一つの章と終章が追加され）改訂版が出された。マラーブは初期キリスト教の社会史を真剣に研究する、現代における最初の研究者たちのひとりであった[3]。

マラーブはテサロニケの信徒への手紙一を考察し、この手紙の最初の三つの章でパウロが1世紀の道徳哲学者の著作によく見られる倫理勧告と対照的論法を使用している、と論じている（1983:23）。この手紙の中でパウロは、生計を立てるための自分の働きと、テサロニケの人々の魂への配慮について述べているが（1テサ2・9、4・9～12）、このことは、哲学者が自分たちの課題を思い描いている場合と全く同じ仕方で、パウロがテサロニケ人の宣教を捉えていることを示している。テサロニケの信徒は、社会から隠遁し静寂主義の態度を取りながら、エピクロス派のような共同体を組織していたかもしれない。このような状況に対して、テサロニケの信徒への手紙一4章9～12節のパウロの勧告が示しているのは、彼が、テサロニケの信徒のやり方に同意してはおらず、周りの社会が彼らのことをどう思っているかを真剣に考え、勤勉に働くことによって社会から良い評価を得るように促している、ということである[4]。

1987年の著作 *Paul and the Thessalonians*〔『パウロとテサロニケの信徒』〕で、マラーブは、テサロニケにおけるパウロの宣教上の「戦略」を、道徳哲学

者と比較することでさらに解明しようとしている。パウロと道徳哲学者は彼らの半私的な仕事場をフォーラム（公共広場）として使用した。そこでは、哲学的な議論が生じ共同体が形成された（1987:33）。また道徳哲学者と同様、パウロは共同体を形作るうえで、自らを模倣されるべき理想的な規範として提示した（1テサ1・6、Malherbe 1987:52-60）。最終的に、パウロは、ちょうど哲学者が弟子を育てるように、彼らとともに生活する期間も、不在であっても、共同体を養育した（1987:61-94、1989b:35-48、67-77）。この比較は、パウロを一人の道徳哲学者に仕立てるものではないが（1987:108）、彼の実践を解明しそれが道徳哲学者のものと酷似していることを示している。マラーブは、どのような古代の共同体がテサロニケ教会にとって最適の類型を提供するのか特定していない。しかし哲学学派と同様に組織され構築され養成される共同体が、〔哲学学派という〕この古代集団形成の特定の型と極めて似ていることは明らかである。

　マラーブは、新約聖書と比較しやすい哲学者、すなわち、ストア派道徳家（セネカ、ムソニウス・ルフス、エピクテトス、ディオン・クリュソストモス）、プルタルコス、ルキアノスだけが研究されてきた事実を嘆いている（Malherbe 1989a:16、1992:330）。マラーブは、古代の哲学学派をもっと広範囲に考察することを要求している。この求めに従っている研究者はいるが、まだ多くのことが手つかずのままである[5]。

　先行する研究者たちと同様マラーブは、パウロと通俗哲学者の最も明白な接点を倫理学の領域に見出している（1983:48）。通俗的道徳家に見られる美徳と悪徳のリストやありきたりな倫理的表現は、パウロの文書にも見出される（そして他の新約文書においても。Malherbe 1992:278-330を見よ）。しかしマラーブは、新約聖書の世界を理解するために道徳哲学者を利用する際の変化に気づいている。すなわち「関心が倫理からエトス（気風・気質）へ変化している」のである（1992:330）。ジャッジ（Judge 1960a）、ホック（Hock 1980）、ストワーズ（Stowers 1984）、そして自分自身の研究を取り上げながら、マラーブは、「ギリシア的倫理の個人主義から、初期キリ

スト信仰者の共同体的関心へと至った大股の歩みについて十分な理解」がまだできていない、と論じる（1992:330）。次に私たちは、幾人かの研究者がどのように哲学学派の視点に立って共同体的関心を考察し始めたのかを詳しく見ていく。

哲学学派の性質と広がり（Nature and Extent of Philosophical Schools）

概要の描写（*Description*）

「哲学学派はギリシア・ローマ世界で支配的な位置を占めていた」ことは明らかである（Wilken 1971:272）。ヘレニズムの哲学一般と同様に、哲学学派は「思想」だけでなく倫理的な生き方にも関心をもっていた。議論の大半は、人間の究極の目的としてのユウダイモニア——つまり、「幸福」、「喜び」、あるいは「人間の繁栄」と様々に訳されているもの——にあって、善くなることに焦点があてられていた。街角の辻説法、正規の講義、手紙、評論、論文、黙想など様々な手段を通して、哲学者は人生の目的（テロス）と、それをどのように達成するかについて自身の理解を伝えた。事実、キリスト教自体が高潔な生活を送る方法を伝えることに関心をもっている限り、「哲学」であった（Wilken 1984:79〔邦訳133頁〕）。私たちの議論で重要なのは、キリスト信仰者の集団、特にパウロによって形づくられた集団がヘレニズムの哲学学派のように組織されたかどうかということである[6]。

哲学「学派」（The philosophical "schools"）は常に具体的な場所を表したわけではなく、現代人が「教会」という言葉で意味するもの、すなわち、建物に相当するものとして解釈すべきではない。「学派」とは同じ生活様式、あるいは特定の創始者に追従する多くの人々を示すだけのこともあるだろう。しかし哲学「学派」のいくつかは、同じ目的をもった男女の共同体を形成した。「様々な学派は、今日の宗教と同様に、世界観や生活綱領

第 2 章　哲学学派

を提供した」（Ferguson 1987:255）。

　最初期の学派の一つはアテネのプラトンによるものであった。プラトンは弟子の集団をミューズの神々を礼拝する団体として形作った。この団体と彼らが集まった建物はアカデメイアとして知られるようになった。他の哲学学派にはアリストテレスのリュケイオン、ストア派のポイキレ（彩色柱廊）、エピクロス派の庭園があった。すべてアテネに位置した。

　後1世紀の時代には、二つの哲学者集団のみが入会した弟子を集めて閉鎖的な組織を形作っていたようだ。すなわち、ピュタゴラス派とエピクロス派である（Meeks 1983:83〔邦訳223頁〕、Goodman 1994:34）。ピュタゴラスはイタリア南部のクロトンに学派を創設した。それは、財産共有、食事・衣服の規定、日々の鍛錬に特徴があった（Meeks 1983:83〔邦訳223頁〕）。エピクロス派は、前4世紀にアテネの庭園に「学派」として形成されたのだが、「哲学的な友愛組織の理想を抱いている、明確な共同体のメンバーとして自らを語った。その友愛組織は、各地に散在している同志の正統性をエピクロスへの誓いによって保証し、エピクロスの像を崇拝し、信仰の堅実さを支えるために互いに手紙を書くことができた」（Goodman 1994:34）。

　他の哲学は、新ピュタゴラス派やエピクロス派のようなはっきりした、具体的に居を定めたグループという意味で「学派」にはならなかったようである。しかし多くの「思想の学派」は存在し、ある哲学体系の個人的な実践者は、その特別の装いによって（キュニコス派の場合のように）、又は宣教内容とスタイルによって簡単に認識された。彼や彼女はしばしば特定の場所に弟子を集め、そういう意味では「学派」を形成していた。哲学教師は、市場、ギュムナシオン〔古代ギリシアの青年が集い身体を鍛えた練成所・体育所〕あるいは柱廊（ストア）といった公衆の場に弟子を集めたかもしれない。そうすることで彼らは自分の教えをより多くの大衆に広めていたのである（Stowers 1988:81）。このようなより大きな枠組みの中で、パウロと彼の共同体は理解されてきた。

初期キリスト教の共同体の道徳世界は、**ウェイン A. ミークス**（Wayne A. Meeks）（*The Moral World of the First Christians*, 1986）〔『最初のキリスト信仰者の道徳世界』〕によってうまく描写されている。ミークスは、キリスト教の共同体形成を理解するための当時の状況を提供しようと努めている。彼は、様々なグループがどのように彼ら自身、世界、そして彼らと世界との関係を理解したかを考察している。この考察の中でミークスは、少数の富裕層を除く人々についての証拠が不十分であるという、歴史家が直面していた重大な問題を克服しようとしている（Meeks 1986:35）。個々人が選択（判断）をする場合、社会における個人の伝統的な役割の中でそれがなされた。それゆえ、何を公平とし、何を望ましいものとし、何を名誉とするかについての個人の感覚は、その人が社会的ピラミッドのどこに位置するかによって決まった。

ミークスが注目するのは、ギリシアとローマの「偉大な伝統」である。彼は、後期ヘレニズム時代の倫理に見られた「成長しつつある個人主義」だけでなく、いくつかの哲学学派がもつ「コスモポリタニズム（世界主義）」も考察している。「学派」とはたいていの場合、魂の道徳的形成（「倫理」）に関心をもつ教師と弟子のことであった。ミークスは様々な学派の実例を数多く見ており、その中に含まれるのは、プルタルコス（1世紀または2世紀初頭、中期プラトン主義を代表する人物）、ムソニウス・ルフス（1世紀中葉・後期のストア派）、キュニコス派、エピクロス派である。これらの「学派」すべてに共通する考えによれば、哲学の狙いは精錬された人生を過ごすことである。倫理学は正しい生活のための技術であり、学ばなければならないものである。理性的な生活、すなわち、幸福な人生とは自然と調和して送る人生であり、そこでは感情は信用されない（Meeks 1986:60）。

ミークスは、ベン・シラの知恵〔シラ書（集会の書）〕、クムラン、フィロン、ミシュナーという代表的な文献を取りあげ、イスラエルの「偉大な伝統」の考察へと向かう。これらすべてに共通することは、歴史が教訓を語り、イスラエルは（周辺の人々と区別され、分離され）神の民に留まり、

第 2 章　哲学学派

聖書はユダヤ人の倫理教説に本質的な役割を果たし、律法は重要である、という考えである。文献資料から律法について二つの「見解」があったことが分かる。すなわち、ひとつはトーラーは全世界の有意義な仕組みを包含しているというもので（ベン・シラの知恵、フィロン）、もうひとつは具体的な規則を実施することが、ユダヤ人が契約の子であることのしるしとなるというものである（クムラン、フィロン）。

　次にミークスは、社会生活の中で表現されたキリスト教的価値や信仰を検討する。彼は、キリスト信仰者の運動は地域の支配的な文化が有する支配的な「偉大な伝統」に照らして、その運動そのものを肯定的にも否定的にも定義づけた、と論じている。初期キリスト教の共同体は、帝国内の自らの状況や地位によって影響を受けた。社会的地位は、彼らが何をできるのか（可能性）、そして何をしなければならないか（義務）を考える上で影響を与えた（参照：Meeks 1986:38）。

　最後にミークスは、聴衆の思考と行為の双方に影響を与えることを試みている、数多くの初期キリスト教文献を概観する（1テサ、1コリ、マタ、黙、ディダケー、エイレナイオス）（Meeks 1986:125）。テサロニケの信徒への手紙一でパウロが表明している道徳的期待は、ギリシア・ローマ社会で広く受容されていたものと酷似している。しかし聖性に対するパウロの関心は、キリスト信仰共同体が、当時の社会一般とは異なる独自の特徴を備えていたことを強調している（Meeks 1986:129）。コリントの信徒への手紙一は、初期キリスト教において規則が（例えば、偶像に供えられた肉、姦淫に関して）、使徒言行録15章に見受けられるほどには明確に取り決められていなかったことを反映している（1986:133）。偶像の肉に関するパウロの譲歩は、コリント教会において社会的地位が異なる者同士の間に緊張があったことを示している（1986:135）。

　ミークスの大きな貢献は、どのように種々の哲学が特に道徳的勧告の分野において初期キリスト教に影響を与えたか、そのことを示したことである（1986:114-19、1993:66-90、102-4）。しかしそれにもかかわらずミーク

スは、パウロの教会形成の類比として哲学学派を即座に退けてしまっている。彼は、エピクロス派及びピュタゴラス派が、基本的には家もしくは任意団体の形態を取っている点でパウロの教会と類似しているが、その他の共通点をパウロの教会とほとんどもたない、と論じている（Meeks 1983:84〔邦訳225頁〕）[7]。パウロのグループ内に強く見られる学究的、理論的、修辞的な性質は、このグループの主要な特徴に対して付随的なものである。結局ミークスは、初期キリスト信仰者の集団にとって最適の類比はシナゴーグであるという立場を支持しているようだ（本書第1章を見よ）。にもかかわらず彼の著作は、ヘレニズムの道徳哲学者の世界に関する堅実でわかりやすい考察を提供している。

宣教活動（Propagation）

Conversion（1933）〔『改宗』〕で**A. D. ノック**（A. D. Nock）は、キリスト教の一体何が、古代の人々に訴えかけ、彼らが以前の礼拝形態から去って、この「心も体も」新しい集団に属したいとさえ望ませたのかを明らかにしようとした。ノックは、ユダヤ教やキリスト教で理解されるような「改宗」に似たものが見出される、教会と類似した集団は、哲学者の運動のみである、と論じている。哲学は、高尚な人生と低俗な人生があると考え、哲学者の集団は人々[8]を低いところから高いところへと生き方を転向させようとした（1933:14）。ヘレニズム時代、哲学者の主要な関心は倫理であった（1933:114）。

ノックは数多くの哲学学派を論じている。前6世紀にピュタゴラス派は良く練られた教義と実践を伴う禁欲的な集団を形作り、入会者は準備的な訓練期間のあとにその集団に入った（1933:165）。前4世紀にプラトンはアカデメイアを形作り、ソクラテスの伝統に永続的な地位を与えた。ノックはストア派、エピクロス派、キュニコス派についても論じている。ヘレニズム時代、これらの学派は多くの理由で圧倒的な存在を示していた。ま

ず、彼らは自然的な現象と政治的な現象について説明を提供した。二つ目に、彼らは明確に設計された生活様式を提供した。三つ目に、哲学は他者が模倣すべき「理想的人物」となる人々を生み出した。四つ目に、哲学者が自分の信念を実際に解説するのを人々は公の場で聞くことができた。そして、哲学学派の教説や実践に密着することで「改宗」に至るのであった。これらすべての側面において、ノックはキリスト教との類似点を見出す。それゆえノックにとって、キリスト教は全体としてほとんどひとつの哲学であり、キリスト信仰者の集団は哲学学派であった（参照：1933:211, 219）[9]。

ノックとは反対に**マーティン・グッドマン**（Martin Goodman）（1994:32-37）は、ローマ帝国内に哲学的な思想を広める全世界的な改宗活動が当時意識されていたという見方に懐疑的である[10]。彼は、主要な学派に属するほとんどの哲学者が他者の生活や態度を変えようとしたことは明白であるが、一般の人々を彼ら自身の明確な集団に入会させようとした証拠はほとんどない、と論じている。「哲学者の目的は視野においては全世界的であったが、彼らの宣教は改宗というよりはむしろ教育することに向けられていた」（1994:37）。しかし、グッドマンの主要な関心は哲学学派ではなく、シナゴーグにあり（参照：第1章）、彼の分析はさらに深められる必要がある。哲学学派は「全世界的な改宗活動」をもたなかったという彼の主張はおそらく正しいだろう。しかし、人々の生き方に変化をもたらすために哲学者がとった方法は、パウロ自身の「宣教」を理解するために有益であることが判明している。

1978年の論文 "Paul's Tentmaking and the Problem of His Social Class"〔「パウロの天幕作りと社会階級の問題」〕で、**ロナルド F. ホック**（Ronald F. Hock）は、天幕作りのパウロに注目している。パウロが職人として働いていたことを示す重要な二つの聖書箇所は、コリントの信徒への手紙一4章12節（「自分の手で稼いでいます」）とテサロニケの信徒への手紙一2章9節（「兄弟たち、わたしたちの労苦と骨折りを覚えているでしょう。わたしたちは、夜も昼も働きながら……」）である。しかしホックは、パウロが職人として

働いていたことを示すもう二つ別の箇所、すなわちコリントの信徒への手紙一9章19節とコリントの信徒への手紙二11章7節にも目を向ける。前者でパウロは、自分は無報酬で福音を宣教しているので誰からも束縛されないと主張する。しかしそのために彼は職人として働いた(「奴隷となった」)。手職人の仕事場で働くことは社会的地位の喪失をもたらしたが、そこに居合わすことで改宗者を獲得できるため、パウロは仕事場で働くことを価値あるものと見なした。コリントの信徒への手紙二11章7節の言葉は、彼が職人として働くことで品位が落ちると考えていたことを示す。両テキストは、パウロが職人として働くことを「卑しく、品位を落とす」ものと見なした階級、すなわち、地方の貴族的な階級出身であったことを示している (1978:562) [11]。

　翌年 (1979年) に出版された論文、"The Workshop as a Social Setting for Paul's Missionary Preaching"〔「パウロの伝道説教における社会的環境としての仕事場」〕で、ホックはパウロが仕事場を伝道説教のための舞台として利用した、と論じている。そうすることでパウロは、当時の哲学教師の幾人かと関係をもっていた (1979:438。参照:1980:37-41〔邦訳64-71頁〕)。パウロの手紙と使徒言行録、双方の証拠に依拠しながらホックは、パウロが仕事場で説教や教えを述べ、少なくともシナゴーグや家と同じ程度の時間を費やした、という説得力がある論証を行っている。そしてホックは、パウロ以前の哲学者に目を向ける。ソクラテスは靴職人のシモンと仕事場で語り合ったと言われている。また伝承は、ソクラテスが多くの時間を様々な仕事場 (クセノフォン『ソクラテスの思い出』4.2.1-39, 3.10.1-15〔『ソークラテースの思い出』佐々木理訳、岩波書店、1974年、177-95頁、155-61頁〕) や市場で過ごしたと伝えている (プラトン『ソクラテスの弁明』17C〔『ソクラテスの弁明・クリトン』三嶋輝夫他訳、講談社学術文庫、1998年、10頁〕)。このように、哲学議論は開かれ人目にふれるものであった。しかしプラトンやアンティステネスがギュムナシオンで教えることを選んだとき、そのようなものでなくなっていった。

キュニコス派は、講義をいつでも公開していた哲学者集団のひとつである。彼らは議論の場として市場を選んだが、いくつかの伝承は種々の職人の仕事場にキュニコス派を置いている（Hock 1979:446）。事実、キュニコス派自身は働くことに反対でなかった。伝承によると、靴職人シモンは理想的なキュニコス派哲学者となった。彼の労働は「自給自足」をもたらし、仕事場は哲学議論の場を提供したのだ。

　次にホックは、キュニコス派の説教者の伝統の中で、パウロが労働と宣教・教育のために仕事場で時間を過ごしただろうと論じている。それゆえパウロは、生計を立てつつ宣教活動を行うことができた（1テサ2・9）。彼の聴衆は、職人仲間、顧客、そしておそらく、最近やってきた「天幕職人・哲学者」の噂を聞いた好奇心旺盛な見物人から構成されていただろう。この集団からもっと好奇心を抱く者が個人的な教え（1テサ2・11～12）を求めて再びやってきて、最後にはキリスト教に転向した、とホックは主張している（1テサ2・13）。

　The Social Context of Paul's Ministry（1980）〔『天幕づくりパウロ——その伝道の社会的考察』笠原義久訳、日本キリスト教団出版局、1990年〕で、ホックは前述の二つの論文の結論をより十全に支える証拠を提示し、次のように主張している。パウロは商売を営むことを選択したエリート（貴族）であって、説教、教育、弟子の獲得のために仕事場を効果的に利用した、と。この著書でホックは職域伝道者の生活について、彼らの多くの苦労を含めて丁寧に描写している（1980:26-37〔邦訳42-63頁〕）。

　どのようにパウロが職人・哲学者として当時の知的環境に関係したのかをホックは解説している。しかし論文や著書でホックは、この種の宣教活動からどの種類の共同体が形作られるのか、つまり、それは哲学学派なのかそれとも同業者組合（a workers guild）なのかを説明していない。もしすべての改宗者が同業の職人やその家族であれば、キリスト信仰者の共同体は職人団体（the trade associations）として形作られていたと想像できる（第4章を見よ）。しかしもしそれが職人以外の人も混じり合ったグループで

あれば、より哲学学派に似たものとなるだろう[12]。

モデルとしての哲学学派（Philosophical Schools as a Model）

　1971年の論文 "Collegia, Philosophical Schools and Theology"〔「コレギア、哲学学派、神学」〕でロバート・ウィルケン（Robert Wilken）は、キリスト教を哲学学派として具体的に識別した起源をユスティノス（165年頃死去）までたどっている。しかし、「ユスティノスの同時代の人はほとんど、そして彼以前には誰一人として、キリスト教をそう理解することを心地よく思わなかっただろう」（1971:274）。ユスティノスの理解はガレノス（130年頃生誕）の著作にも見られる。ガレノスにとってキリスト教は、「二流あるいは三流」の類であるけれども、ひとつの哲学学派であった（1971:277）。ガレノスはキリスト信仰者の教えには賛成しなかったが、哲学学派に与えたのと同等の敬意をキリスト教に払った（1984:73〔邦訳123-124頁〕）。ガレノスは、「哲学学派」という呼称をキリスト信仰者の集団に帰するほとんど唯一の人物であった。大半の人々はキリスト信仰者の集団がそのようなものであるとは考えていなかった。

　ウィルケンは、キリスト信仰者の集団が哲学学派と同じ線に沿って組織されたと論じているのではない。むしろ彼は、2世紀においてキリスト信仰者（殉教者ユスティノス、サルディスの司教メリトーン）と非キリスト信仰者（ガレノス）、双方の解説者がキリスト信仰者の集団を説明するために、哲学学派のモデルを利用したことを指摘している。このことは、主張の真偽を示すのではなく、類比としての哲学学派が少なくとも古代のある人たちに役立ったということを示している。にもかかわらずウィルケンは論文のあとの方で、この主張を若干変えて、以下のように指摘する。すなわちウィルケンは、キリスト信仰者の集団は任意団体（第4章を見よ）とも見なされたので、実際には彼らは哲学学派と任意団体との混合であったと論じているのである。

第2章 哲学学派

　実際には、パウロが哲学学派を形成したと断言する研究者は少ない。しかしながら**ハンス・コンツェルマン**（Hans Conzelmann）（1966:307、315注95、1965:233）はその数少ない一人である。コンツェルマンは、パウロが（アポロと共に）哲学学派を形成し、キリスト教の拡大のために人々を訓練する「神学的手腕」をもってその学派を運営した、と主張している。彼によればこの学派はエフェソに位置し（参照：使19・9）、パウロの死後も継続し、最終的には（コロサイ書やエフェソ書のような）学派の文書を作成した。しかしながらコンツェルマンは、学派の組織や同時代の類比の証拠をほとんど提供しておらず（Meeks 1983:82〔邦訳221頁〕）、彼の説は賛意を得られなかった。にもかかわらず数多くの研究者は、パウロが哲学者の戦略と言語を用いたと論じている。このため、ときには次のような推論に結びつくことがある。パウロはキリスト教を哲学学派として思い描く——しかも単なるもう一つの哲学学派ではなく、道徳哲学者の狙いと目的がキリストにおいて実現されると見る学派として思い描いていた、と。

　The Social Pattern of Christian Groups in the First Century（1960b）〔『1世紀におけるキリスト信仰者集団の社会的形態』〕において**E. A. ジャッジ**（E. A. Judge）は当初、パウロの集団を理解するための最適な類比として任意団体を考えていたようである（第4章を見よ）。しかしながら彼はすぐに、哲学学派の類比を支持する立場に変わったようである（他の可能性を明白には否定することなしに）。同年に出版された別の研究で彼は、パウロと追従者は「ソフィスト」であると論じている。ソフィストとは、地域の集団を「学究的共同体」へと組織したものであり、「知的な宣教」を推し進め、しばしば「議論する集団」の様であった（Judge 1960a、Meeks 1983:82〔邦訳221頁〕）。しかしジャッジは、ソフィストのモデルだけではパウロの共同体がどのように形成され、組織されたのかを充分に説明できないことを認めている。というのもそのような形成と組織は当時のソフィストには異例であったからである（Judge 1960a:135）。言葉に対する愛と教えることに対する愛を持っている点で、パウロは哲学教師と類似する。彼は「ソフィス

ト」あるいは遍歴教師として公共の場（参照：使徒言行録）や家に招かれた。パウロは倫理的な課題にも関心を持っていた。

　のちの研究でジャッジは、パウロが各都市のシナゴーグから退いたとき、彼の活動は認可された社会的因習や制度の保護のもとで行われたに違いないと論じている（Judge 1972:32）。パウロは行いや考えに対する活発な会話と議論を展開しており、哲学おそらくソフィスト運動さえもパウロの宣教の社会的舞台として見なすことができる、とジャッジは主張している。しかしながらジャッジは、ストア・キュニコス派的論争形式（ディアトリベー）はパウロを理解するための適切な背景ではないと退けている。パウロの書簡に見られる技術にディアトリベーとの類似点を指摘できるが、それは共通の文化的環境で過ごす人物から期待できるレベルに過ぎない。ディアトリベーは、

　　ありきたりのことを扱い、お決まりの対象に向けられた文学的創作として語られた。それは、現実の人々や状況、論争されたことに深く関わるというパウロの特徴を全く欠いている（1972:33）。

パウロの著作は、「標準的な思考体系」というよりは、しばしば「共同体の思慮深い人々の間で展開する」ような「人生のための一般的な諸原理を大まかにまとめたもの」を表現している（1972:33）。このことは、彼が秩序だった哲学学派を運営していることを示すものではない。もっとも、パウロの集団が「哲学学派から何かを引き出すことがあったかもしれない」けれども（1972:33）。

　ジャッジが「ストア・キュニコス派的」ディアトリベーを背景として認めないことは、**ルドルフ・ブルトマン**（Rudolf Bultmann）に遡る（1910年）。ブルトマンは、キュニコス・ストア派的ディアトリベーとパウロの説教スタイルとを比較した最初のひとりであった。しかしながら彼の強調点は、公衆の面前で行われたパウロ（と哲学者）の説教であり、結果として設立

された共同体にはない[13]。ブルトマン（と他の人たち）にとって、ディアトリベーは「街角にいる一般の人々を説得し興味を創出するために、様々な種類の対談的・修辞的技術を使った大衆宣伝のひとつの形」であった（Stowers 1981:175）。それは、メッセージを伝播するためにキュニコス派とストア派の遍歴哲学者によって使用された。

　しかし最近になって、**スタンリー K. ストワーズ**（Stanley K. Stowers）は、「キュニコス・ストア派的」ディアトリベーという古い概念は不適切であると論じている（1981、1988）。むしろ「ディアトリベー」という呼称は、「学派における教育活動や、その活動を文学において再現したもののために、あるいは学派におけるディアトリベーに特有の修辞的、教育的議論を用いる著作のために」取っておくべきである（Stowers 1988:73。参照：1981:76）。パウロのディアトリベーの使用は、彼が哲学学派と類似した師弟関係を結んでいたことを示している[14]。ディアトリベーの使用は、パウロが当時の通俗哲学者の討論スタイルに通じていることを示すだけでなく、彼が哲学学派の師弟関係をモデルにして共同体を築こうとしたことを示している。パウロのローマの信徒への手紙は、改宗者を獲得するためでなく、彼の生活様式にすでに主体的に関わっている人たちを教えるために、パウロがどのように説教したかを示している。事実ストワーズは、パウロの同労者（特にローマ16章で言及されている人々）を、以前は彼の「生徒」だった者として捉えている。ローマにいるパウロの知人たちは「ローマ教会に教師パウロについてのより個人的な紹介を」するだろう（1981:183）。実際パウロは、到着後にローマで彼がつくることになる学派を彼らに紹介し準備させるために、ローマの信徒への手紙でディアトリベーを使用しているのである。

　デイヴィッド E. アウネ（David E. Aune）は、パウロのローマの信徒への手紙はロゴス・プロトレプティコス〔「説得する、勧告する論述」の意〕であると論じている（1991年）。この種の講義または「倫理勧告のスピーチ」は、哲学者が自分たちの生き方に人々を引きつけるために用いられた。

ロゴス・プロトレプティコスが主に用いられた舞台は哲学学派であった。それゆえ、もしパウロがこのギリシア・ローマの哲学的議論の形式を使用しているならば、パウロはキリスト教が哲学学派と酷似しており、パウロ自身が指導的哲学者の一人であるという理解に基づいてこれを用いたということを暗に意味している（Aune 1991:279）[15]。このことは確かにアウネの論文全体を通して得られる含意である（特に1991:286-87を見よ）。

　ロゴス・プロトレプティコスは、多くの哲学者によって用いられた、口頭のあるいは文学上の様式（ジャンル）であり、その目的は、哲学者が提示する特別の生活様式に転向するように、聞き手を奨励することであった。この様式には、聴衆の現在の信念や習慣に対する強い諌止または非難と、それに続く特定の哲学の価値と有益さについての明確な実証が含まれた。しばしば、個人的な魅力が議論を結論づけただろう。この種の哲学的宣伝について多くの例が古代から存在する。そのいくつかをアウネは要約している。最も興味深いもののひとつは、ルキアノスのものである。ルキアノスは2世紀の風刺家で、改宗に関する四つの例においてこの文学上の様式を使用している。ルキアノスは、彼自身の改宗で終わる対談においてロゴス・プロトレプティコスを一度用いている（『ニグリノス』〔『ルキアノス選集』内田次信訳、国文社、1999年、277-98頁〕）。他方、他の三つの対談はロゴス・プロトレプティコスのパロディー（戯画化）である（『ヘルモティモス』、『居候論』、『舞踏論』）。

　ローマの信徒への手紙に話を戻して、アウネはローマ書のジャンル名に関して研究者の間で意見の一致は見られないことを指摘している。アウネは、ローマ書の中心部分（1・16～15・13）は、書簡的枠組み（1・1～15と15・14～16・27）に収められたロゴス・プロトレプティコスであると論じている。資料の性質から、パウロは「数年の期間にわたってこの資料を何度も練り直した」ことが窺われる（1991:290）。事実その資料は、数多くの別々のロゴス・プロトレプティコスを反映しており、パウロはそれらを口頭での教えや説教で使用し展開させた（1991:296）。これらのロゴス・プロ

第2章　哲学学派

トレプティコスは、「ローマ書の現在の文脈において比較的一貫したロゴス・プロトレプティコスを形成するために」、パウロによって一緒に結びつけられているのである（1991:296）。ローマ書に見られるロゴス・プロトレプティコスの四つの主要なセクション〔1・18〜2・11、2・12〜4・25、5・1〜8・39、9・1〜11・36〕のうち三つは、パウロが日頃から対話している相手である種々のグループと議論している。すなわち、異教徒（1・18〜2・11）、ユダヤ人（2・12〜4・25）、キリスト信仰者（5・1〜8・39）である。これらのロゴス・プロトレプティコスを列挙しながら、パウロはローマのキリスト信仰者に、どのように彼が多様な環境で福音を伝えているのかを示すだけでなく、彼の福音をローマのキリスト信仰者たちにも示している（パウロはローマの教会には一度も訪れていなかったので）。残念ながらローマ書9〜11章はこの文学類型にうまくあてはまらない。しかしアウネは、これらの章はユダヤ人の不信仰の問題に関する、旧約聖書解釈が伴う余談として機能していると論じている。この余談はロゴス・プロトレプティコスではないが、ヘレニズム学派のもう一つの特徴である、「権威あるテキストの釈義」をパウロが用いていることを反映している。ローマ書12章1節〜15章13節に見出される道徳行為の例示は、ローマ書全体のロゴス・プロトレプティコスの結びとして倫理勧告を形作っている。

　アウネの著作は、**アンソニー　J．グエルラ**（Anthony J. Guerra）の*Romans and the Apologetic Tradition*（1995）〔『ローマ書と弁証学的伝統』〕という最近の研究によって支持されている。グエルラは、パウロが多くの理由からプロトレプティック〔勧告的〕な書簡としてローマ書を執筆した、と論じている。まず、パウロは異邦人に律法から自由な福音を教え、ユダヤ人キリスト信仰者からの反論に言及しようとする。同時に彼は、スペイン宣教のための支持を集めようと望んでいる。二つ目に、ローマ教会内のユダヤ人と異邦人のグループ間の仲介を試み、以前のユダヤ人追放（49年）に至ったような市民の騒乱を避けようとしている。

　グエルラは、ローマ書のそれぞれの主要セクションがロゴス・プロトレ

プティコス内でどのように機能しているかを示そうとしている。ローマ書1章18節〜3章31節（とロマ14〜15章）は、教会に異邦人が完全に包含されることを主張し、パウロの宣教は冒瀆的でないことをユダヤ人キリスト信仰者に保証する、という弁証的モチーフに満ちている。ローマ書4章でパウロはアブラハムを、証人として、また、神は過去の約束に矛盾することなく行動するという聖書的確証として用いている。ローマ書5章から8章は、キリストにおいて可能となる生（命）を推奨することで、その哲学（キリスト教）の価値と有益を論証するものとして、プロトレプティコス〔説得・勧告〕内で機能している。ローマ書9章から11章でパウロは、彼の福音と宣教に対する他の提案に反論することによって、プロトレプティコスが目指す逆の立場を取り上げている。最後に、ローマ書12、13、16章でパウロは、ローマのキリスト信仰者たちに次のことを示そうとしている。すなわち、彼は皇帝に忠実な家臣であり、ローマに到着しても彼らに不名誉（悪評）をもたらすことはなく、それゆえキリスト教は好ましい生き方である、と。

　ローマ書におけるプロトレプティコスの詳細に関して完全な一致は見られないが、アウネとグエルラの研究は次のことを示している。つまり、ロゴス・プロトレプティコスという文学上の様式を用いるとき、パウロはヘレニズムの哲学者と同列に位置するだけでなく、彼は、キリスト信仰者の共同体を哲学的な「学派」として、それゆえ、ロゴス・プロトレプティコスのような種類の口頭のあるいは文学上の活動に適した環境として見なしている。

　エピクロス派の共同体は、ローマ帝国の至るところで活動的であったので、彼らは、初期キリスト教の集団に対する明らかな類比を提供してくれる（De Lacy 1948）。エピクロスは前341年から270年に生きた。サモスに生まれたがアテネに住み着き、そこで「庭園」と呼ばれる哲学学派を設立した。これは「コミューン（共同体）」であったが、資産を共同出資することはなかった。他の哲学学派と違って、女性や奴隷は男性と同等に認め

られた。エピクロスは、いわゆる「四つの薬からなる治療」に上手く要約されているように、幸福に至る方法を人々に教えることを目的とした。すなわち、「神を恐れるな、死について心配するな、良いことは入手しやすく、苦痛は忍耐するに容易い」(Inwood, Gerson, Hutchinson 1994:vii)。彼の教説は多くの人々にとって魅力的であった。エピクロスの死後、「エピクロス派」の集団は紀元後に入っても存在した。いろいろな意味でエピクロス主義は、哲学的な体系というよりは創始者の祭儀であった。追従者は、唯一、真実の生き方をエピクロスが発見したと考えた(DeWitt 1936:205、Simpson 1941:378-79)。

　パウロの共同体を理解するためにエピクロス主義を用いることを声高に主張する研究者のひとりが、**ノーマン・デウィット**（Norman DeWitt）である[16]。デウィットの著作 *St. Paul and Epicurus*（1954b）〔『聖パウロとエピクロス』〕は *Epicurus and His Philosophy*（1954a）〔『エピクロスとその哲学』〕の続編である。前の著作（1954a）でデウィットは、パウロがエピクロス哲学に強く依拠したことに関する数多くのヒントを与えてくれた。実際続く著作（1954b）でデウィットは、パウロは回心前の生活においてエピクロス派として教育された、と論じている（1954b:168）。

　デウィットは、パウロがエピクロス主義の知識に依拠している箇所がどこであるのかを示そうとしている（1954b）。パウロは幾つかの箇所でキリスト教的な文脈においてエピクロス派の単語やフレーズを使用し、エピクロス哲学に深く関係していることを示している。他の箇所ではパウロは、信仰共同体内のエピクロス的キリスト信仰者に抗し、その哲学を貶めている。デウィットは、パウロの著作、特にフィリピの信徒への手紙、テサロニケの信徒への手紙一、ガラテヤの信徒への手紙、コリントの信徒への手紙一を横断的に考察している。彼はまた、エフェソの信徒への手紙とコロサイの信徒への手紙の章も含めており、考察には牧会書簡を含む第二パウロ書簡の言及がところどころ入っている。

　デウィットは、パウロとエピクロス派の多くの共通事項を取り上げる。

すなわち、双方ともに中流階級の出身であり、宣教の志向があり、「平和と安全」（参照：1テサ5・3）に関心をもっていた。また、パウロはエピクロスの『規準（カノーン）』だけでなく、エピクロスの物理学と倫理学にも精通していたことを示している。デウィットは、特に「宇宙の諸要素」に対するパウロの警告は（ガラ4・3、9、コロ2・8、20、参照：ヘブ5・12、2ペト3・10、12）[17]、この世は原子と空間から成立していると提唱するエピクロス派原子論に対する直接の攻撃である、と指摘している。デウィットはパウロの個々の手紙を考察し、各手紙においてエピクロス派の語彙や思考と共鳴する多くのフレーズ、そしてエピクロスの著作に見出される推論方法を発見している。これらすべてのゆえにデウィットは、使徒パウロに対するエピクロスの著作とエピクロス主義の実践の直接的な影響を断定している。

　パウロの手紙における言語をおもに扱いつつデウィットは、エピクロス派の共同体の形成がキリスト信仰者の共同体形成の原型であった、と論じている。パウロはエピクロスの支持者と同じく、最初の教師の記憶を恒久化するために支持者を集めた。エピクロス派にとってその人物はエピクロスであり、パウロにとってそれはイエス・キリストであった。両グループとも創設者を真理の発見者として、また救い主として崇めた（1954b:vi）。そして双方ともに個人の家から形成された[18]。

　エピクロス派とキリスト信仰者は、家に拠点を置くグループという点で類似しているだけでなく、これらのグループは学派として形成されたであろう。学派形成の概念はやはりエピクロス派に始まり、キリスト信仰者に模倣された（1954b:97）[19]。デウィットは、キリスト信仰者集団の組織構造のいくつかの側面がエピクロス派のそれに基づいている、と論じている。彼は、共同体に牧会的な手紙を書くエピクロスの習慣はパウロの手紙執筆の手本であったに違いない、なぜなら「そのような手本は他に存在していなかった」からだ、とまで主張している（1944:255）。1世紀末期までにキリスト信仰者の集団は、エピクロス派の主要なライバルとなり、結局はエ

ピクロス派に取って代わった。5世紀までにエピクロス派は、キリスト教の共同体に吸収された (1954a:328)。

パウロがエピクロス派の哲学を利用したというデウィットの主張は、もっともらしい、ありそうにもない、空想的である、全くの間違いである、と様々に評され得る。実際には彼の著作はあまり好意的に受け入れられなかった（最も顕著な例はSchmid 1962）。多くの研究者はデウィットに強く反発し、パウロの手紙に哲学的背景がある可能性を全く考慮に入れなくなってしまった。しかしながらマラーブが指摘しているように、デウィットの極端な議論が、より堅実な試みを不適当と見なすことになってはならない (Malherbe 1989a:15)。

Paul and Philodemus: Adaptability in Epicurean and Early Christian Psychagogy (1995)〔『パウロとフィロデモス——エピクロス派と初期キリスト教のサイカゴギにおける適応性』〕で、**クラレンス E. グラッド**（Clarence E. Glad）は、微妙な意味合いをより考慮し、おそらくより成功した方法でエピクロス学派とパウロのキリスト信仰者のグループの比較を追究している。グラッドはパウロの「サイカゴギックな〔精神教育的な〕」実践、すなわち、自身の共同体に対する配慮の仕方は、特に前1世紀半ばのアテネ、ナポリ、ヘルクラネウムにあるエピクロス学派のそれと類似している、と論じている[20]。パウロの共同体を検討するのに利用しうるモデルはいくつかあるが、パウロの共同体のサイカゴギック的側面を強調するグラッドは、「哲学学派のモデルを支持する」(1995:8-9、注15)。しかしながらこれは、直接的な影響や借用語があることを意味するのではなく、ただ共通の共同体的実践があるということを意味するだけである。パウロとエピクロス派、双方の共同体には、「倫理勧告、啓発、懲戒において共同体メンバーが相互に参与する」という形態がある (1995:8)。この形態は、共同体の決定的な特徴として重要である。「それは、共通の目的へとメンバーたちを結束させる共同体のエートスの形を確立する」(1995:11)。事実、この「参加型サイカゴギ」は「エピクロス派と原始キリスト教の両共同体の決定的な、そして

本質的な特徴である」(1995:335)。パウロの共同体の教育の仕方は革新的ではなく、むしろ彼はエピクロス学派に見出されるそれを利用している。

グラッドは、最初の二つの章で古代におけるサイカゴギックな養育の伝統を概観している。古代の雄弁家は、道徳家または導師とともに、様々な性格や背景をもつ人々から成る聴衆に向き合う際、柔軟かつ臨機応変であらねばならなかった。そのためには必要な時に利用できる、倫理勧告の技術を集約したものが必要とされた。サイカゴーグ（精神教育者）すなわち「熟練の導師」は、人生の手引きを与えてくれるものとして人々にしばしば求められた。与えられた手引きの種類は、状況によって厳しくも優しくもあり、あるいはその混合でもあった。

グラッドはエピクロス派のサイカゴギを調べて、フィロデモスの著作、特に『率直な批判』に最適の例を見つけている。実際、グラッドが共同体の手引きに関して、最も適合する例を見出しているのは、フィロデモスなのである。グラッドは、フィロデモスとパウロの両者を分析することで、彼らが率直なスピーチの二重の観点（辛辣さと柔和さ）、友情の重要性、全共同体に向けた倫理勧告・教化・懲戒の使用を認識している、と結論づけている（1995:105。参照：107、185、193、204）。グラッドは、この手法がどのようにローマの信徒への手紙14章1節〜15章14節で機能しているかを示しているが（1995:213-35）、グラッドが主に注目するのはコリント教会である。彼は、弱い人と不安定な人に対するパウロの対応は温厚で優しいものである、と論じている。しかし強情な人に直面すると、パウロの対処はすこぶる手厳しい。エピクロス派のサイカゴギと同様、パウロの手法は道徳の手引きを受ける側の性質や背景を考慮に入れている。そうすることでパウロは、「すべての人に対してすべてのもの」になった——グラッドの訳では「私はあらゆる種類の人に対してあらゆるものとなりました」（1コリ9・22b）。

エピクロス派と並ぶ、1世紀のもう一つの通俗哲学学派はストア派である（参照：使17・18）。ストア主義はキティオンのゼノンによってアテネに

創設された。ゼノンは前4〜3世紀に生きた人物である。最初、自分の哲学を展開する前の彼はクラテスの影響でキュニコス派に転向し、それからソクラテスの哲学に向かった。彼は当初、アテネの柱廊（ストア）で自分の哲学の講義をしたため、それがこの哲学体系の名前となった。結局、彼はアテネに学派を組織した。その学派は、後529年にユスティニアヌス帝がアテネにあったすべての哲学の学園を閉鎖するまで存続した。ゼノンの思想を体系化しようと試みた後継者クリュシッポスを始めとして、この長い期間にストア主義は大きく展開し変化した。ストア主義はローマ世界で好意的に受容され、信奉者の中には、キケロ、セネカ、エピクテトス、マルクス・アウレリウスが含まれた。

　ストア派は、全宇宙は理性（ロゴス）によって支配され、理性は神と同一であり、運命として現れると考えた。賢者の役割は、何が起ころうともそれを変えることはできないと承知し、それに調和して生きていくことである。つまり、すべてのことに動じずに生きなければならないというのである。人間は、自然と調和しながら生活し、感情、不当な考え、甘えなどを脇へ置き、健全な気質をもって任務を果たすことで真実の自由を得る。これが目標となる「高潔な生活」である。

　パウロの共同体形成の背景としてストア主義を考察することは、特に**トロールス・エングバーグ＝ペダーセン**（Troels Engberg-Pedersen）の最近の論文 "Stoicism in Philippians"（1995）〔「フィリピ書におけるストア主義」〕において、有益であることが判明した[21]。初めにエングバーグ＝ペダーセンは、パウロはストア哲学者ではないと断っているが、パウロがいかにストア的な考えを慎重に、フィリピの信徒への手紙の中に統合しているかを説得的に示している。パウロのストア的思想を単に示すだけの研究とは違って、エングバーグ＝ペダーセンはパウロのストア的モチーフをフィリピ教会の共同体形成に直に結びつけている。パウロのストア的指標は意識的であろうとなかろうと、パウロが特別な共同体を形成しようとしていることを示している。

ゼノンは『国家』の中で、ストア哲学の教説から生じるであろう理想的な共同体を思い描いた。そこでは、社会階級、性別、政治的所属などに基づくすべての区別が撤廃される。位階制は導入されず、すべての人々が独立し自由に行動できる。無論、賢者は道徳的に善であることを選択する。ゼノンを継承しながら、この理想的な共同体の概念はわずかに修正されていった。第一に、キュニコス主義の痕跡は取り除かれた。第二に、より重要なことであるが、クリュシッポスのもとで共同体は、土地に根付いた住民集合体から、「地球上のどこに住んでいようとも道徳的に善であるすべての人々の共同体」へと変化した（1995:267）。この後者の展開がパウロに最も関係する。
　エングバーグ＝ペダーセンは、フィリピの信徒への手紙に見出される多くの用語や概念が、ストア哲学者の著作で使用されているのと同じ意味を持っていることを示している。そして彼は、フィリピの信徒への手紙の他の主要なモチーフ、例えば「キリストの日」の来るべき審判や、コイノーニア（相手を自分より優れた者と考えることで相手に配慮するという概念）について注意を払っている。エングバーグ＝ペダーセンは、キリスト信仰者の天上のポリテウマ（「市民権」）の議論は（フィリ3・20）、ストア哲学の道徳と政治について基本的な思考を反映している、と論じている。つまり、人生が目指している目標もしくは終着点がある、そしてこの目標とは理想的な共同体のことであり、人間の信念と行為によって現状において可能な限り実現されなければならない。パウロはキリスト信仰者の生活についての自らの解釈に基づいてこのことを論じているが、共同体形成の企図においては「パウロは実際にはストア主義を用いている」（1995:279）[22]。
　ラヴデイ・アレクサンダー（Loveday Alexander）の "Paul and the Hellenistic Schools" (1995)〔「パウロとヘレニズム学派」〕はノックの研究（Nock 1933）を継承している。先に見たように、ノックの研究は、古代の人々から見ればシナゴーグと教会は哲学学派に最も似ていたと述べている。2世紀の医師ガレノスは、哲学学派にもキリスト教にも惹かれなかっ

た人物であるが、彼の著作に依拠しながらアレクサンダーは、キリスト教（とユダヤ教）が多くの哲学学派のひとつと考えられていたにすぎなかったことを示している。ガレノスはある箇所で、「モーセとキリストへの追従者」は哲学学派の信奉者に比べて劣ってはおらず、むしろ優れているかもしれない、と論じているように思われる。ガレノスの観察は、ユダヤ人とキリスト信仰者の教育活動と伝統に基づいているに違いない（1995:67）。

哲学学派と同様、キリスト信仰者の集団は自らのアイデンティティを創設者の権威においた（1995:72）。彼らはしばしば想定されるほどには学問的、理性的思考に関心をもっていなかった。むしろ、その信奉者たちは自分たちの立場を支持する個人的な講義や公開講演を開催し、自分たちの学派と創設者をしばしば無批判に信奉した（1995:77）。学派の教師は教説を伝えるために様々な場所と表現方法を用いた。この点においてパウロは極めて哲学者と似ている。彼は地中海地域を遍歴し、公の場所や私的な居住地で講義することができた。

アレクサンダーの主張は論争に少し足を踏み入れただけであり、彼女は最後のところで、他の類比が適切かもしれないし（例えば、同業者組合〔trade guilds〕。1995:79）、自分の分析は重要な道具のひとつとして哲学学派のモデルを確かめたに過ぎない、と論じて身を引いている（1995:81-82）。しかしながら最終的にアレクサンダーは、哲学学派と異なり同業者組合は文書を執筆せず、自らを世界規模の運動の一部としても見なさなかった、と指摘することで同業者組合を類比として捉えることに消極的である[23]。おそらく彼女にとって、哲学学派が初期キリスト信仰者の集団を理解する上では依然としてふさわしい「道具」なのであろう。

結論（Conclusion）

この章の議論から次のことが明らかとなる。つまり、多くの研究者はパウロの思想や言葉遣いを理解する上での適切な背景を、ヘレニズムの道徳

哲学者の中に見出している。しかし、この点を展開してパウロの共同体形成を理解するために論じる研究者は数少ない。にもかかわらず、多くの研究者は当然のことながら次のことを認めざるを得ないだろう。すなわちパウロは、自身の共同体宛の手紙において、その共同体の人々が様々な哲学体系のニュアンスに自分と同じくらいに馴染んでいるかのように記しており、このことから考えればパウロは、共同体の人々が自分たちを哲学「学派」というモデルの見地から理解していることを前提としている、と。しかし、唯一の優位な哲学体系がはっきりとあるわけではなく、また「学派」間にある多様性のため、この見解はすぐに行き詰まってしまう。パウロのキリスト信仰共同体は（エピクロス派の）哲学学派であると主張する最も息の長い議論のひとつは、好意的には受けとめられなかった（デウィットの議論）。しかし、パウロの思想の背景として哲学体系を今後も用いるために新約聖書学がいま必要としていることは、哲学学派の形成と組織とが持つ性質と広がりを継続して検討し、それからパウロ書簡にある類比的資料を詳しく考察することである。

注

1. 詳しくはTrebilco 1994:311-12、注87を見よ。マラーブ（Malherbe 1983:89-91）はパウロが任意団体の前で語ったことを示し、スコレーが組合の講堂（guild hall）を指していると理解している。

2. 私たちはMalherbe 1983とMalherbe 1987に焦点を当てる。前者の研究は後者の研究の土台となっている。Malherbe 1989bに彼の1987年の著作の基礎をなすいくつかの研究を集めている（1989b:ixを見よ）。

3. 古代に関する社会学的研究は、社会的事実あるいは社会学的理論に注目することができる（Malherbe 1983:20）。マラーブの主要な焦点は、社会的事実または社会史である。

4. 事実マラーブは（1983:26）、異教徒の批評家が2世紀以降キリスト教とエピクロス主義を同一視した、と指摘している。

5. Stowers 1988、Aune 1991、Guerra 1995、Glad 1995を見よ。これらすべてはこの後で論じられる。Engberg-Pedersen 1995とFitzgerald 1996にある論文も見ること。

6. ヘレニズム哲学一般と新約聖書の文書との並行については、多くのことが書かれてきた。すべての文献を概観することは本書の目的を超えている。手始めに良いのはMalherbe 1989またはMalherbe 1992:271-78であろう。とても役立つ資料は、ブリル社で刊行されている*Studia ad Corpus Hellenisticum Novi Testamenti*のシリーズにある研究書である。

7. 参照：Meeks 1983:83〔邦訳223頁〕。ミークスはマルー（Marrou 1955:34〔邦訳48頁〕）を引用している。マルーは、哲学学派は文化の女神に献納された任意団体（シアソス）に倣って組織されたであろうと指摘している。任意団体に関しては本書第4章を見よ。

8. 例外はあるが、古代哲学者はおもに人生に関心を持った。例えば、キュニコス派のヒッパルキア、エピクロス派の庭園。

9. ノックはシナゴーグ礼拝が説教をとおして「部外者に神殿よりは哲学学派を想起させただろう」とも論じている（Nock 1933:62）。これらの結論は、必ずしもパウロが特定の道徳哲学者の型に当てはまることを示しているのではない。別の研究でノックが論じているように、パウロはストア哲学者ではない。せいぜいストア的考えを持っていることを示すぐらいであり、パウロはその思想に反対しているかあるいはストア主義自体に抗するためにそれを使用している（Nock

1972a:126)。

10. 彼は、後1世紀のシナゴーグ内において「世界的改宗運動」が存在したことに懐疑的でもあった（1章を見よ）。

11. ホック（Hock 1978:557。参照：1980:66〔邦訳117頁〕）が、パウロの職業はトーラーの学びと職業の学びを結合するラビ的実践の結果であったという、問題の多い主張を拒否しているのは正しい。そのような実践を後2世紀半ば以前に確認することは困難である。

12. あとでこの議論に戻るが、ここでは、テサロニケでは少なくとも教会が職人団体（trade association）のように形成されたことを示すものがある、と言っておくだけで十分であろう（1テサ4・9〜12を見よ。参照：Kloppenborg 1993b:274-77)。

13. パウロに対するストア派の影響について、詳しくはBultmann 1956:185-86を見よ。

14. アウネ（Aune 1991:283）の指摘によれば、ある哲学者（エピクテトス、ムソニウス・ルフス）にとっては哲学学派がディアトリベーのための相応しい場所となったが、多くの改宗者を目的としてより広範囲の聴衆を目指している哲学者（テュロスのマクシモス、プルタルコス、ディオン・クリュソストモス）にとってはそうではなかった。

15. 別の論文でアウネは、パウロが哲学的な概念や言語をより自覚的に用いていると考察する研究者たちの立場から論じている。例えばAune 1995を見よ。

16. シンプソンも見よ（Simpson 1941）。シンプソンは、エピクロス派とキリスト信仰者が一般の人々によってしばしば関連づけられていた、と論じている。両集団のメンバーは無神論者と考えられていた（Simpson 1941:372）。これに「異端者」という理解も付け加えることができるかもしれない（参照：ユダヤ教のビルカト・ハ・ミーニーム）。

17. デウィットは「諸霊」という訳は誤訳であり、ストイケイアという語は「諸要素」あるいは「基本的原理」と訳されるほうがよいと主張している。

18. エピクロス派の共同体は家を拠点に形成され、メンバー内で家族関係を再現しようとした（DeWitt 1954a:93、52）。

19. 初期の論文でデウィット（1936）は、エピクロス派のグループの組織を解説している。そのグループはおそらくキリスト信仰者のグループと数多くの類似点を持っていたが、細部ではかなり異なっていた。詳細な相違点は1944年の論文ではいくぶん少なく見積もられている。

20. サイカゴギについてより詳しくはMalherbe 1987:81-88、1990:375-91、1992:301-4を見よ。

21. パウロによるストア派的思想の使用について論じている他の研究としてMartens 1994がある。ストア主義と新約聖書とのつながりを考察した研究者についての歴史的な概観は、Colish 1992を見よ。

22. エングバーグ=ペダーセンは、パウロが感情的な力を修辞的に使いながら、フィリピ教会の組織作りのために序列の言語〔神を頂点として、キリスト、パウロ、協力者たち（テモテ、エパフロディトなど）、そしてフィリピの信仰者というように順位づけ、その序列を反映させた言葉遣い〕を使用するとき、彼はもはやストア哲学者のようには論じていない、と指摘している（1995:280-89）。しかしながら、「パウロが最大限ストア的であるとき、最大限キリスト教的でもある」（1995:280、参照：289）。

23. 最初の論点は弱い根拠になる程度のものである。私たちは任意団体の文書を所有しないかもしれないが、それは時がなす偶然ともいえる。ほとんどの任意団体は守護神を必要としていた。そして多くの神々には豊富な文献的裏づけがあり、その文書は任意団体に利用されていたであろう。二つ目の論点は単純に間違っている。いくつかの団体はキリスト教と全く同じく、地域を越えた結びつきをもっていた（Ascough 1997を見よ）。

3

古代密儀宗教

(The Ancient Mysteries)

パウロと密儀宗教[1]（Paul and the Mysteries）

　ローマの信徒への手紙6章1～11節でパウロは、どのようにキリスト信仰者が洗礼の儀式を経験したかを描写している。この箇所は、パウロが密儀宗教から洗礼に関する自身の神学を受け取ったことを論ずるために研究者によって使用されてきた。事実この箇所は、パウロ神学とパウロ共同体に対する密儀宗教の影響を主張するための、しばしば「入口」となっている（Wedderburn 1982:824）[2]。パウロの描写はこのようになっている。

> あなたがたは知らないのですか。キリスト・イエスに結ばれるために洗礼を受けたわたしたちが皆、またその死にあずかるために洗礼を受けたことを。わたしたちは洗礼によってキリストと共に葬られ、その死にあずかるものとなりました。それは、キリストが御父の栄光によって死者の中から復活させられたように、わたしたちも新しい命に生きるためなのです（ロマ6・3～4）。

　あとで見るように、キリストと共に死に共に生きるという考えは密儀宗教から直接由来していると言われている（参照：Wedderburn 1987b:57）。
　他にもパウロに対する密儀宗教の影響が反映していると考えられているテキストがある。例えば、**R. E. ウィット**（R. E. Witt）（1971。参照：1966a:137-38、1966b:53-54、58、61）は、パウロに帰されている手紙及び（使徒言行録に記されている）行いと、イシス祭儀との間に、本質的には異なるけれども興味深い多くの類似点を指摘している。ウィットは、パウロの手紙から細部を取りあげ、パウロがイシス信仰と接していたに違いないことを示している。例えば、パウロの主要な神学用語である「力」と「救い」はイシス祭儀との類似点をもっている。ローマの信徒への手紙1章23節に見られる、堕落した人間による神人同形論や動物崇拝に対する攻撃は、エジプトの祭儀の図像礼拝に対する直接的な非難かもしれない。コリ

ントの信徒への手紙一13章の騒がしいどらとやかましいシンバルの表現は、真冬に大地をよみがえらせるイシス祭儀で用いられる音楽を想起させる（1971:266）。フィリピの信徒への手紙のキリスト讃歌でイエスに帰せられる「あらゆる名にまさる名」は（フィリ2・9）、ローマ植民市フィリピの「勝利の女王」である女神イシスが有する多くの偉大な名前を巧みに利用している（1971:267-68。参照：1966b:61）。

　これらの例が示すように、ウィットはパウロがイシス祭儀に決して好意的ではなかったと論じている。パウロの多くの言葉がイシス祭儀の言葉と似ているかもしれないが（例えば、エウカリスティア〔感謝〕、エクレーシア〔教会〕。1971:268）、実際にはパウロはその祭儀に批判的であった。男性の神への根本的な信仰、唯一神論、キリスト論、家父長制、これらすべてがあったから、パウロはイシス祭儀からの多くを採用しなかった。別の論文で（1966a）、ウィットは同様の方法論を使って（「類似点」を見つけ出すやり方）、教父時代に教父たちの抵抗にもかかわらず、イシス祭儀はキリスト教会の信仰や典礼儀式に深い影響を与えた、と論じている。

密儀宗教の性質と広がり（Nature and Extent of Mysteries）

概要の描写（Description）

　密儀宗教は、「任意的、個人的、内密な性質をもつ入信儀礼であり、聖なるものを経験することで心の変化を目指す」ものであった（Burkert 1987:11）。入信者は他の入信者と一緒になり集会を形成し、そこでメンバーたちは特定の神の庇護の下、いくつかの秘儀に共に参加する。密儀宗教は、それに入信することを選んだ個人のための救いを強調する傾向にあり、結果として心の内面に集中する信仰者集団を生み出した（Meyer 1992:941）。彼らは行列や犠牲祭儀のようないくつかの公の祭典を行ったが、入信者だけに知らされた秘儀を重要視した（Meyer 1992:941）。密儀

で重要視されたのは（今もあまりわかっていないが）、情報の伝達というよりは経験であったようである（Meyer 1992:941）。儀式そのものは、特に入信者の死後にご利益をもたらすと考えられた（Wedderburn 1987b:56-57, Ferguson 1987:198）。

　密儀宗教は長い歴史をもっている。最も早い密儀宗教のひとつは、エレウシスのデメテルとコレのものであり、少なくとも前6世紀まで遡る。ディオニュソスの密儀宗教はこれよりほんの少しだけ遅れて現れる（Burkert 1987:2）。密儀宗教の傾向はヘレニズム時代に強くなり、ローマ時代にいっそう高まった。おそらくそれは、西方の人々が戦争、商売、旅行を通して主に東方由来のこれらの宗教に接したことによるだろう。この時代の最も重要な密儀宗教は、ディオニュソス、太母神（キュベレ）とアッティス、イシスとサラピス（オシリス）、そしてミトラスである。

　残念ながら紙幅の都合で、それぞれの密儀宗教について詳細な説明はできない。しかし注目しておきたいのは、あとで見るように、密儀宗教をすべて均等なものと扱い、例えば密儀の「神学」あるいは密儀の「実践」を一般化するのは適切ではないということである。このような一般化は、キリスト教と密儀宗教との不適切な比較を生じさせてきた。それぞれの密儀宗教は、それ自体の考えに基づき、それ自体の用語を用いて考察されなければならない[3]。主要な密儀宗教の説明及びその信条・教義の概略を知りたい読者には、簡潔ではあるが申し分のない手引書として、ルーサー H. マーティン（Lurher H. Martin）の *Hellenistic Religions*（1987）〔『ヘレニズムの諸宗教』〕、あるいはヴァルター・ブルケルト（Walter Burkert）の *Ancient Mystery Cults*（1987）〔『古代の密儀祭儀』〕がある[4]。

　以上のように述べたにもかかわらず、密儀宗教は一般的な特徴をいくつか共有しており（Meyer 1992:941）、ここで簡単に触れておく。密儀宗教は大地、農業、自然の循環に根ざしている。その祭儀は、死後の幸福も約束するが、豊穣と安全を保証する目的をもっていた。ほとんどの場合、その祭儀は個人の自由意志で参加するものであった（StambaughとBalch

1986:132。参照：Bultmann 1956:157)。入信儀礼は集団で行われ、個別に行われるものではなかったが、密儀宗教に入信するという選択は個人的なものであった。それゆえ、密儀宗教は個人的な信仰心を表現するものであった（Ferguson 1987:197)。

密儀宗教が活動するためにとった組織の形態については、三通りの形式が証言されている（詳細はBurkert 1987:30-53を見よ)。まずは、個人としての巡回者またはカリスマ的実践者であり、神の名による預言者また先見者として地中海諸地域を放浪し、特定の集団には結びつかなかった。二つ目の組織形態は、聖所に基盤を置いたもので、その聖所は市の行政機関の一部であったり、あるいは家の所有地にあったりした。聖所には祭司と（または）女祭司がいた。後期ヘレニズムとローマ期において、確立した密儀宗教のほとんどは、聖所、職業祭司、神聖な象徴と祭儀をもっていた。とはいっても、この密儀が行われていたのはこれらが置かれていた場所に限定されなかった。三つ目の形態は任意団体のそれであり、特定の神とそれに関連する密儀に焦点を合わせるものであった[5]。後者の二つの形態において、入会者の一群は、食事と饗宴、舞踏と儀式、特に入信儀礼を含む数多くの共同体のイベントに参加することができた。これら三つの社会的な現れは互いに相容れないわけではなかった。例えば、遍歴者は入信者の集まりを形成しようと意図したかもしれない。あるいは、地域の公共の聖所はそれに結びついた私的な任意団体をもっていたかもしれない（Burkert 1987:32)。

宣教活動 (*Propagation*)

マーティン・グッドマン（Martin Goodman）(1994:32) は、ギリシア・ローマの宗教祭儀一般の宣教努力について、的確で簡潔な要約を提供している。彼が挙げる実例のほとんどが密儀宗教からのものであるから、ここで詳細に引用することは適切であろう。

第 3 章　古代密儀宗教

　要するに、宣教に対する態度は古代多神教においてたいへん多様であった。宣教とはそもそも大抵が弁証と宣伝を目的としたものであった。通りすがりの人に神の力と慈愛を示している、神殿で発見された碑文はこの分類に入るだろう。それらのおもな目的は、人間と同じく神々は名誉が与えられることを好むという前提に基づいて、単純に神を賞賛することであった。ただ時折、祭儀の支持者は地理的な拡がりの重要性を特に自覚して、皇帝崇拝の提唱者のように人々を改宗させることに没頭することがあった。そのような場合ですら、彼らの願望に万人救済的な視野があったという証拠はない。多神教徒は、すべての人間を一つの集団にして一つの神を礼拝させるようにしようとは夢にも思っていなかった。

　しかしこの見解にもかかわらず、数は限られてはいるものの、密儀宗教の宣教活動に関する証言はある。宣教活動が見られる最も明白な密儀宗教のひとつはミトラスである。商売人や兵士の中に支持者を獲得しながら、ミトラスの祭儀は起源の東方地域からローマへ、そして更に西方へとローマ帝国内を横断して流布した（Teeple 1988:317を見よ）。しかしながらグッドマンが、密儀宗教側には自分たちの信仰を宣教しようとする大規模な取り組みはなかった、と論じているのは確かに正しい。しかしそれにもかかわらず、どの密儀宗教も信奉者を獲得していたようだ。覚えておくべきは、密儀宗教の入信は別の宗教へ「改宗した」ことを必ずしも意味せず、人々は複数の密儀宗教に入信しそれぞれに結びついた儀礼に参加することができた、ということである。

モデルとしての密儀宗教[6]（The Mysteries as a Model）

　　　　　過去の提唱者（Older Advocates）

第3章 古代密儀宗教

　教父時代という早い時期から、論者たちはキリスト信仰者であろうとなかろうと、キリスト教と密儀宗教の類似点に気づいていた[7]。大半の場合、初期キリスト信仰者は、キリスト教が密儀宗教とは独立して発展したと主張した。何か類似が見られるとしたら、それは悪魔の仕業であってキリスト教を出し抜いてあるキリスト教儀式を密儀宗教に模倣させたというのである[8]。

　キリスト教が密儀宗教から影響を受けたことを最初に示した近代の学者のひとりは、イサク・カゾボン（Isaac Casaubon）であった。1614年に彼は、密儀宗教はキリスト教のサクラメント（秘儀）の起源であると述べた（Teeple 1992:51、Metzger 1968:1、注1）。密儀宗教そのものをより批判的に考察した最初の学者は、C. A. ロベック（C. A. Lobeck）であった。1829年に彼は、密儀宗教に関するより科学的な研究の道を切り開くことができた（Metzger 1968:1）。彼の研究はグスタフ・アンリッヒ（Gustav Anrich）によって引き継がれた。1894年にアンリッヒは、以前には見当らなかった、方法論の包括性と正確さを比較宗教の研究にもたらした（Wagner 1967:7）。

　初期キリスト教を理解するために密儀宗教を類比として利用する研究は、19世紀終わりから20世紀初頭の宗教史学派（ドイツ語で *religionsgeschichtliche Schule*）の影響下において最盛期を迎える[9]。**リヒャルト・ライツェンシュタイン**（Richard Reitzenstein）の *Hellenistic Mystery-Religions*（1910、英訳1978）〔『ヘレニズムの密儀宗教』〕[10]は、宗教史学派の研究法の最たるものとして見なされている。彼は、繋がりがない多数の密儀宗教の資料を比較検討し、密儀宗教の伝道活動が有する一般的な特徴を見出すまでに至った。ライツェンシュタインは、パウロは宣教計画を企図する前に密儀宗教の言葉遣いや概念について体系的な学習を行った、と論じている（1978:536）。その結果として、パウロの洗礼及び主の晩餐に対する理解は、密儀宗教の入信儀礼から直接的な影響を受けることになった（1978:76-81）[11]。事実、密儀宗教の学びは、パウロが自身と関係する共同

体と効果的に意思の疎通を図るうえで有益であった (1978:85、536)。このことは、パウロの共同体が密儀宗教の概念をよく知っている人々から構成され、また、共同体が密儀宗教と同様の方法で組織されたことを示している[12]。

20世紀の初頭の論文 "The Christian Mystery" (1911-12) 〔「キリスト信仰者の秘儀」〕で**アルフレッド・ロワジー** (Alfred Loisy) は、キリスト教はユダヤ教の分派ではなく独立した宗教であることを、大胆にも示そうと試みている。独立した宗教になることは、史的イエスの本来の意図ではなかった。むしろそれは、パウロの活動が主たる原因となって生じたことである。パウロは、自分自身の背景のために、イエスの福音をヘレニズム的密儀祭儀に変えたのである。

密儀宗教の活動を描写する際にロワジーは、特にキリスト教的響きをもつ用語を自由に利用している。例えば、彼はイシスとサラピス (オシリス) の祭儀の入信儀礼の一部をこのように描写している。

> オシリスが生き返るためにナイル川の水の中に沈められたように、入信者は洗礼を受け、それによって再生する。入信者はオシリスの死と復活をただ見るだけでなく、彼自身が聖なるドラマで主要な果たすべき役割をもって参加するのである。彼はオシリスになり……(1911:48)。

さらにまた、キュベレとアッティスの儀礼を描写する際、ロワジーは、アッティスの「受難と復活が適切に祝われた」こと、そして油を注ぐ(塗油する)儀式に続いて、「再生と不死の秘儀でもあった、雄牛犠牲による血の洗礼が見出される」ことに特に言及している (1911:48)。

当然、ロワジーは、パウロを考察する段になると、密儀宗教と類比しているものを見つけ、パウロのキリスト教は「基本的には、私たちがちょうど今まで述べてきたものと同じモデルに基づいて理解され」た、と主張す

る（1911:50）。しかしながら多くの人々が指摘しているように、ロワジーが描写している大部分は、実際には古代の文献に存在していない。それどころかロワジーは、その空白をキリスト教から採用した言い回しを利用して埋め合わせた。エドゥイン・ベヴァン（Edwyn Bevan）は、「この計画に関して、あなたは最初にキリスト教の要素を取り入れておいて、そしてそれをそこで見つけて驚愕している」と的を射た批判をしている（Metzger 1968:9から引用）。

　ロワジーに話を戻すと、彼はパウロの救済論をローマの信徒への手紙の展開に沿って簡潔に分析を始めている。彼はイエスが、その地上における出現、「全宇宙的な贖い」、暴力的な死と、それに続く生への回帰、そして信奉者らが自分を礼拝して救いへと戻るようにする、予め定められた計画、これらにおいていかにサラピスやアッティス、ミトラスのような救済神として見なされたかを示している。これらの類似関係は、キリスト教の二つのサクラメント（秘儀）である洗礼と主の晩餐において最も明らかである。キリスト教の洗礼では、入信者は「異教の密儀宗教と同様、生まれ変わるために死ぬと見なされている」（1911:53）。主の晩餐では、ワインとパンという聖体は秘儀的にキリストの血と体になり、聖体受領者はキリストとの神秘的参与を経験する。これは密儀宗教に直接由来する考えである。この神秘的儀礼の共有を通して、参与者は「キリストの社会的体である信仰者の共同体の中に入る、あるいは、そこで保たれる」（1911:55）。ロワジーにとって密儀宗教は、パウロが共同体形成において採用した枠組みを提供している。

　ロワジーは、パウロがイエスの福音を密儀祭儀に変形したと論じたあと、この変形がどのように生じたのかを指摘して議論を終えている[13]。ロワジーは、パウロが異教の密儀文書を入手し、キリスト教に改宗する以前もその後にもそれを学んだ、と主張する（1911:58）。パウロは密儀宗教で知られるタルソスで成長したため、密儀宗教の活動や教義に出会うこともあっただろうというのである。パウロは異教徒をユダヤ教に改宗させよう

と企てる一方、異教徒との議論を通して密儀宗教にも精通するようになった。キリスト教への改宗を経験したあと、パウロはよりいっそう密儀宗教を学んだ。それは、「彼が獲得するであろう人たちの宗教的考えを熟知するためであり、彼が設立するであろう共同体の組織と礼拝のための規則を見つけるため」であった（1911:58）。しかし、パウロのキリスト信仰共同体は信仰の一致と社会的組織においてますます強固となり、団結や相互的な連帯をもたない密儀集団を凌いで行った。このことは、神と不死についてのより堅固な神学的信念、そして救済神とのより緊密な関係と相俟って、キリスト教が密儀宗教に取って代わり、最終的にはそれを排除するようになったのである（1911:64）。

　現在では、ロワジーの方法は単純すぎると思われている。彼が記述したキリスト教と密儀宗教との並行例（parallels）のほとんどはせいぜい表層的なものである。事実ロワジーは、メツガー（Metzger）がのちに警告している多くの方法論的落とし穴に陥っている（1968年。下記参照）。しかしながらこのことは、ロワジーが自分の主張を推しすすめることを妨げなかった。密儀宗教と初期キリスト教にある共通の特徴に対する、同様のアプローチを、彼の*Les mystères païens et le mystère chrétien*（*Pagan Mysteries and the Christian Mystery*）（1914、Kee 1995b:145）〔『異教の密儀宗教とキリスト教の密儀宗教』〕に見出すことができる。

　1913年にヴィルヘルム・ブセット（Wilhelm Bousset）は、包括的かつ魅力的な研究書*Kyrios Christos*〔『キュリオス・クリストス』〕を発表した。その中で彼は、キリスト教の発展をパレスチナでの始まりから2世紀末のエイレナイオスの時代までたどっている[14]。ブセットのテーゼは、イエスは初期のパレスチナの共同体ではなく、ヘレニズムの共同体において初めて「主」として呼ばれたということである。キュリオス（ギリシア語で「主」の意）という称号の使用は、「主サラピス」あるいは「主アッティス」のように密儀宗教の神々に使われていたことに由来する。

　最初にブセットはパレスチナの原始キリスト信仰共同体を考察し、その

あとヘレニズムの共同体そのものに注目する。彼は、初期キリスト教のこれら二つの主要な共同体に重大な分離を見ている。パウロはユダヤ人であるが、その神学と実践の大半はパレスチナの共同体ではなく、宣教に従事していたヘレニズムの共同体によって影響をうけた、とブセットは主張する。事実ブセットは、パウロが無からヘレニズムの共同体を創造したのではない、と論じる。ヘレニズムの共同体の多くは、とりわけアンティオキアとローマの有力な共同体は、異邦人使徒パウロの活動が始まる前に設立されていたというのである。

　キュリオスという称号の考察から始めたブセットは、パレスチナの教会の「人の子」という称号がヘレニズム教会の異邦人の間で理解されなかったので、それに代わってキュリオスが用いられた、と論じる。その称号は福音書記事に組み込まれているパレスチナ伝承には見当たらないため、ヘレニズム教会がどこか他のところから借りてきて使用したに違いない。すなわち、密儀宗教からである。

　ヘレニズム教会における称号キュリオスの強調は、キリスト信仰者の共通の祭儀を示している（1970:130）。キリスト信仰者は洗礼を通して教会の礼拝生活に入会を許される。一度入会すると、「エジプトのサラピスの信奉者が主サラピスの食卓にやって来るように」、祭儀の英雄を記念して共同の食事に参加する（1970:131。参照：134）。キュリオスとしてのイエスを強調することはパウロではなく、その共同体から始まったのであり、その称号は集団的表現であり、ヘレニズムの共同体が祭儀的英雄を認識していることを示す。パウロによる称号の使用は、ヘレニズムの共同体が最初に礼拝に適用したものを単に引き継ぎ、土台としているのである（1970:146-47）。

　洗礼を通して信仰者とキリストが同一となるとローマの信徒への手紙6章で表現されているように、このパウロの「神秘主義」さえもその起源はパウロ以前の共同体がすでにもっていた信条にあった。「入信儀礼としての洗礼は、死ぬことと再び命に与ることであり、ともかくキリストの死と

復活に匹敵することである、という信仰はすでに存在していたに違いない」(1970:157。参照：194)。同一化、死、再生というこの概念の背景には密儀宗教がある(1970:188)。同様のことは、主の晩餐の儀式におけるキリストのからだと血の飲食にもあてはまる。こういうわけでヘレニズムのキリスト信仰共同体のメンバーは、入信前にどこかの密儀宗教の信者であった可能性が高い。改宗と同時に彼らは密儀祭儀から多くの要素をキリスト教の礼拝に持ち込み、密儀宗教の信奉者の手本にならって彼らの新しい共同体を形作ったのである。

　ブセットは、ヘレニズムの教会を経由したこれらの密儀宗教の要素をパウロがたんに引き継いだ、とは論じていない。むしろパウロは、密儀宗教の考えや活動の多くをキリストの出来事の彼自身の理解に照らし合わせて再加工した。にもかかわらず、キリスト信仰共同体、礼拝、信仰の土台として密儀的な根本思想の多くはパウロの手紙に残っており(1970:167)、ヘレニズムのキリスト信仰共同体の実践において支配的であった(1970:210)。

　ブセットと同様に、*Primitive Christianity in its Contemporary Setting*(1949、英訳1956)〔「原始キリスト教——古代諸宗教の枠の中で」、『ブルトマン著作集6』八木誠一・山本泰生訳、新教出版社、1992年に所収〕において[15]、**ルドルフ・ブルトマン**(Rudolf Bultmann)は、ヘレニズム教会はパウロの宣教活動以前にパレスチナの教会から独立して発展したと考えた。ヘレニズム、さらにはパウロ自身の影響もあって、ヘレニズムのキリスト教は混合宗教となった(1956:177〔邦訳371頁〕)。パウロの思想や実践の多くは明らかに旧約聖書からきている。しかしながら、他の側面は他の所から取り入れられている。例えば、キリスト信仰者の自由の概念は、特にストア主義から(1956:185〔邦訳379頁〕)、また、この世の人間の状況と神の超越性についてのパウロの理解は、特にグノーシス主義から取り入れられている(1956:189-95〔邦訳383-90頁〕)。

　ヘレニズム教会、そしてパウロは、イエスの贖罪意義を説明しようと

するにあたって、密儀宗教に由来する用語を使用した（1956:196〔邦訳391頁〕）[16]。イエス自身が密儀宗教の神としてイメージされ、共同体に入信した人々は洗礼と主の晩餐の秘儀を通して、イエスの死と復活に参与する（1956:177, 196〔邦訳371、391頁〕）。これらの秘儀は、パウロ自身も秘儀の理解に独自の刻印を押したようだが、密儀宗教からヘレニズム教会に組み込まれたものである（詳細は、洗礼に関してBultmann 1952:140-44〔邦訳（『著作集3』川端純四郎訳、1963年）176-82頁〕と311-13〔邦訳（『著作集4』川端訳、1966年）179-82頁〕、主の晩餐に関して1952:148-51〔邦訳（著作集3）186-90頁〕と313-14〔邦訳（著作集4）182-83頁〕を見よ）。この認識は、ブルトマンがどのようにヘレニズム教会の本質を考えていたのか、それを理解する上で重要である。ブルトマンは、洗礼と主の晩餐というサクラメントがまさにキリスト信仰者を「終末的共同体」に結合させたとすでに論じていた（1956:187。参照：203〔邦訳（著作集6）381、399頁〕）。サクラメントはおもに密儀宗教に由来するため、たとえそれが神学においてではなく、外見上のことであったにせよ、パウロの教会は密儀祭儀と大いに似通って見えたに違いない。

　ブルトマンの分析における多くの点はひいき目に見ても疑わしい。ヘレニズムの教会とパレスチナの教会との極端な区別は繰り返し疑問視されており、初期の「諸キリスト教」について、もっと細部に注意を払った見解が必要とされる。次に、ブルトマンの密儀宗教の描写は、よく言っても表層的である。彼は、個々の密儀宗教の間に相違が存在することを認めているが、それらの信念や活動を概説する際、それらをひとつにまとめる傾向にある。また、個々の密儀宗教についての彼の概念は、今日では明らかに時代遅れで、まったく不正確であることが分かっている（このことは、特にミトラス教の描写について当てはまる）[17]。

類比に基づく考察への反対者（Opponents of the Analogy）

　概して宗教史学派は、20世紀初頭以降あまり多くの支持者を得ていない。実は、彼らのアプローチは当初から反対を受けており、ほとんどの新約聖書学者の間で長らく不評であった。あとで見るように、キリスト教が密儀宗教から借用した可能性に対して、多くの強力な反対意見が出された。しかしながら、次のことをもう一度強調する必要がある。すなわち、宗教史学派の運動は、「キリスト教が茎を伸ばし花開いた、より広い文化的な文脈を私たちに必然的により認識させ」、そして文化的な文脈というものが、人や制度に影響を及ぼさないことはあり得ない、ということを私たちに想起させた（Wiens 1980:1258）。このことは現代において、パウロと彼の教会に対する密儀宗教の影響の可能性を、はるかに注意深く探究させることにつながった。私たちは、宗教史学派に対する批判者たちの評価を要約したあと、これらの問題に戻ることにする。

　際立った博学さをもって、**A. D. ノック**（A. D. Nock）は、密儀宗教がキリスト教のサクラメントにいかなる影響も持たなかったと主張している。すなわち、「私たちがキリスト教のサクラメントと呼ぶものは、その起源を異教の密儀宗教に負っている、あるいは密儀宗教に基づいた比喩的な概念に負っている、というどのような主張も言語学的証拠という岩の上で粉砕される」（1972c:809）[18]。ノックは、密儀宗教の入信儀礼において、沐浴はたんに準備的な段階であり、洗礼のようなものではないし、食事は通常の食事であって特別の含意はない、と論じている。唯一の例外はミトラス教であるが、初期キリスト教に影響を与えたとするには時代が遅すぎる、と退けている（1972c:810）。

　ノックは、パウロの共同体形成における密儀宗教の直接的な影響を明らかに拒否している（参照：1972a:72）。実際ノックが指摘するように、パウロ（そして新約聖書全般）には、密儀宗教特有のいかなる用語も見当たらないのである（1972c:809-10、1972e:341-44）[19]。「密儀宗教」の用語として

過去に挙げられたものは、実際にはその時代に生きたすべての人が利用できるヘレニズム宗教一般の語彙に属するものである（1972e:343-44）[20]。

「私に間違いがなければ、研究者の意見は私が概説したような立場へと向かって進んでいる」とノックが1952年に記したのは正しかった（1972c:819）[21]。十年も経たないうちに、**ギュンター・ヴァーグナー**（Günther Wagner）は、Pauline Baptism and the Pagan Mysteries（1962、英訳1967）〔『パウロ的洗礼と異教の密儀宗教』〕を出版し[22]、密儀宗教とその用語を「包括的に」理解する宗教史学派のアプローチを拒絶した[23]。彼は、ローマの信徒への手紙6章とその背後に想定される密儀宗教のモデルを吟味して、実際にはそこには類似した資料を伴う密儀祭儀はない、ということを示している（1967:266）。パウロの理解は、密儀宗教のいかなる影響とも関係なく展開したものである、というのである。

ヴァーグナーの本は、「今世紀〔20世紀〕初頭以後に現れた中で、最良の密儀宗教の研究として評され」ている[24]。しかしごく最近、ローマの信徒への手紙6章においてパウロが洗礼に関して用いる言葉遣いに、密儀宗教が影響を与えた可能性を**A. J. M. ヴェダーバーン**（A. J. M. Wedderburn）が考察し、ヴァーグナーと同様の結果をもたらした[25]。ヴェダーバーンは、パウロの共同体が密儀宗教から直接に影響を受けたとは思えないとはっきり述べている（1983:337、1987a:396）。ヴェダーバーンは、密儀宗教に入信した者が死んで復活する神の苦難を共有したという認識を詳しく考察している。この認識は、キリスト信仰者が洗礼を通してキリストの死と復活に参与することをパウロが指し示しているのと非常に似ている（ロマ6・1〜11）。しかし様々な密儀宗教においてこのテーマを詳細に見ていくと、これを支持する証拠はほとんど存在しないことが明らかになる（1987a:296-331と1987b:57-71における要約を見よ）。

ヴェダーバーンは、パウロの洗礼理解と密儀宗教の類似点は、直接的な依存というよりは、共有された環境に一般に由来している、と判断する方に傾いている（1987a:393-94）。彼は、その影響はおそらくヘレニズム・ユ

ダヤ教を介してのものだったと論じている（1982:823、828-29、1983:337、1987a:163）。ヴェダーバーンは、「キリストとの合一というパウロの教義を当時の密儀祭儀からの派生物と解釈することは」、新約聖書学における「袋小路」である、と論じている（1987a:396）。

　キリスト教と密儀宗教に関するこれらの古い研究に固有の問題は、**ブルース M. メツガー**（Bruce M. Metzger）の論文 "Methodology in the Study of the Mystery Religions and Early Christianity"（1968）〔「密儀宗教と初期キリスト教の研究における方法論」〕において吟味されている。わずか24ページの論文において、メツガーは重要な論点の多くに光を当て、比較研究を行う際に注意すべき方法論上の問題を述べている[26]。方法論の点で彼が発する警告は、ここで要約し紹介する価値がある。もっとも、初期キリスト教に対する密儀宗教の影響の問題を追究する者は誰しも、メツガーの論文そのものを読んでおくと良いであろう[27]。

1. コンスタンティヌス帝以後のキリスト教会に対して、密儀宗教の儀式や習慣が影響を与えた証拠がいくつかある。例えば、密儀宗教が行われた、英雄崇拝のための場所の多くは、聖人礼拝に引き継がれた。病気治療のために教会建物にこもるという行為は、アスクレピオスの祭儀における「お籠り」の習慣と類似していた。しかしながら、同じ影響がコンスタンティヌス帝以前の時代にあったと単純に想定することはできない。
2. 密儀宗教の証拠は、よく言っても、乏しいことを認めなければならない。その証拠はしばしば後3世紀から5世紀のもので、地理的には様々な場所から来ている。これらと同じ信条や習慣が、初期キリスト教の時代に存在していたと想定することはできない。
3. パレスチナの教会は厳格な唯一神信仰をもち、宗教的混合主義に不寛容なユダヤ人から構成されていたので、その教会が異教祭儀から何かを借用することには腰が重かったであろう。

4. パレスチナは最初期のキリスト信仰共同体の中心地であるが、そこから密儀宗教に関する考古学的資料はほとんど見出されていない。
5. 類似点は確かに複数見受けられるが、それらは密儀宗教にキリスト教が依存していたことを必ずしも示すものではない。つまり、それらの類似点は、研究者がこしらえることがあるので（例えば、上述したロワジー）、注意深く検討する必要がある。それらが本物である場合でも、ひとつの系統に属するというよりも、よく似た環境世界によって似てしまっただけかもしれない。たとえそれらが系譜的であったとしても、密儀宗教がキリスト教によって影響を受けたことが事実であるかもしれない。
6. 類似点があるにもかかわらず、キリスト教と密儀宗教の言葉遣いと思考における相違があれば、それは両者の独立性を示している。例えば、密儀宗教の多くの重要な言葉はキリスト教において使用されていない。そしてキリスト教は、神話的な登場人物ではなく、ひとりの歴史的人物に根拠を置いている。キリスト教は秘密でおおい隠されておらず、単純で開放的である。洗礼式と聖餐式の重要な要素は、密儀宗教の祭儀のそれと大きく異なっており、イエスの死と復活は異教の神々の死と再生とは本質的に異なっている。

　メッツガーが挙げる方法論上の考慮点すべてを等しく重んじなければならないというわけではない。例えば、上記3でメッツガーは混合主義に対するユダヤ人の嫌悪を想定しているが、それは事実ではなかったかもしれない。少なくともすべてのユダヤ人に当てはまるケースではない。1世紀のユダヤ教には、いくつかの点でヘレニズム的慣習を受容しているところがあり、少なくとも、ユダヤ教以外の宗教活動に違和感を持たず参加したユダヤ人もいたようである（Borgen 1995を見よ）。さらに、上記6のキリスト教についてのメッツガーの前提の多くは疑問に付することができる。類似は系譜的つながりを意味するという彼の前提は、前述した過去の研究者たち

〔ライツェンシュタイン、ロワジー、ブセット、ブルトマン、ノック、ヴァーグナー、ヴェダーバーンなど〕には当てはまるが、必ずしも必要であるとは言えない。類比的な比較で実際に有益なことが示されているかもしれないからだ〔本書147頁以降を参照。系譜的なつながりよりも類比的な比較検討の意義を提唱したジョナサン Z. スミスについて論じている〕。しかしながら概してメッガーの考慮点は正確であり、古代の現象を検討する際の適切な留意点を提示している。学術的研究において慎重さは常に賢明なことである。

新しい提唱者（Newer Advocates）

1980年に発表した論文で、**デヴォン H. ウィーンズ**（Devon H. Wiens）は、密儀宗教の初期キリスト教への影響に関する研究を評価し、次のように記している。言葉の上での「対応」という「疑問が残る性質」と、「つながりが論証されないこと」に基づいて、「学界の風潮は、ユダヤ教志向のパウロを支持する方向である」、そして、「パウロ的思想は、彼のユダヤ教的背景に基づいて説明するのが最善である」と見ている（Wiens 1980:1263）。この風潮は、パウロの教会についてシナゴーグの背景を考察する研究に実際に見られるものである（第1章）。しかしながら1980年代に、当時の哲学学派とパウロとの間に見られる類似性についての関心が再興した（第2章で見たように）。そして1990年代に入ると、任意団体について関心が高まり始めた。ウィーンズの評価は時期尚早だったのかもしれない。つまり、パウロの教会形成についての説得力ある説明を密儀宗教に見出す学者が、数少ないとは言え実際のところまだ存在するのである。しかしながらこれらの学者は、昔に比べてはるかに厳格な方法論で考察する傾向にある[28]。

方法論的厳格さという点で例外的なのは、**ハワード M. ティープル**（Howard M. Teeple）の *How Did Christianity Really Begin?*（1992）〔『キリスト教は実際どのように始まったのか?』〕である。それはいろいろな意味で、昔な

がらの宗教史学派への現代的回帰を表現している。ティープルの関心は、キリスト教は独自の内容を全くもっておらず、キリスト教の思想や活動のすべてを他の宗教、特にユダヤ教と密儀宗教から獲得したということを示す点にある。ブセットとブルトマンが提唱したパレスチナの教会とヘレニズムの教会との明確な区別に従いながら（今やその区別は支持されていないが）、ティープルは、パウロは彼の洗礼神学を密儀宗教、特にミトラスの影響を通して受け取り、それをイエスの死と復活の観点から修正していった、と論じている（1992:198-201）。全体としてティープルの研究は不成功に終わっている。彼の主張は根拠がなく二次資料の利用も時代遅れである。パウロと密儀宗教の関係については、最近はるかに良い研究がなされている。

その一つとして、**ハイアム・マッコービ**（Hyam Maccoby）の*Paul and Hellenism*（1991）〔『パウロとヘレニズム』〕をあげることができる。マッコービは、パウロの救済論が、直接的なものにせよあるいは論理的な展開にせよ、ユダヤ教を出所としているという主張を完全に否定する[29]。その代わりに彼は、パウロはグノーシス主義から、そして密儀宗教からより重大な影響を受けた、と論じている。マッコービは、パウロの救済論を六つの要素を含むものとしてまとめている（1991:55）。

（1）人類の絶望的な道徳的状況
（2）人間の姿をもった神的な救済者の降臨
（3）神的な救済者の暴力的な死
（4）十字架に処せられた救い主の復活、不死、神性
（5）神の死がそれを信じる者のためにもたらす代理贖罪
（6）救い主への帰依者に対する復活と不死の約束

マッコービは、これらを別個に、そして順を追って考察している。彼はまず、人間の状況についてのパウロの見解を当時のユダヤ教に位置づける

努力は、すべて不成功に終わったことを示す。神的な救済者の降臨の概念に関しても同じことが当てはまる。ヘレニズム世界、特にグノーシス主義の中にそのような人物像が見られ、それがパウロにとっての〔情報〕源であると、マッコービは示唆している。神的な救済者の暴力的な死というパウロの見方は、ユダヤ教にもグノーシス主義にも類似物はない。マッコービによれば、「納得のゆく類例は密儀宗教のみに見出すことができる」ものであり、密儀宗教には救済者たる神の暴力的な死がしばしば見出される（1991:65）。このことをマッコービは、ディオニュソス、サラピス、アドニス、アッティス、オルフェウスなど密儀宗教の様々な神々から例証している。これらの神々はすべて、その死以前から神的人物の特徴を持っており、神々として見なされる運命にあった、とマッコービは論じている。パウロは、密儀宗教のこの側面をイエスに帰したのであり、従ってグノーシス主義と密儀宗教を結合させたというのである。

　復活、不死、人の神性という概念はすべて密儀宗教にその起源を持っている。すなわち、ディオニュソス、アドニス、バアル、サラピスなどの「死んで再生する神々」である。これらの概念は、からだという身体性に関するグノーシス的な思想と正反対であり、もっぱら密儀宗教を通してパウロのもとにやって来た。贖罪は神の死によってもたらされるという概念もユダヤ教ではなく、密儀宗教に基づいている。贖罪の概念はユダヤ教に見出すことができるが、ユダヤ教に見出しうる贖罪は、神の怒りを回避し帰依者の罪を取り除く効力を持つ、自発的な人間の犠牲死を通してもたらされるものではない（1991:78）。最後に、復活と不死の概念は、グノーシス主義と密儀宗教を通してパウロのもとに来たのであり、マッコービはグノーシス主義への密儀宗教の影響も指摘している（1991:83）。従って、パウロの重要な救済論的関心は、密儀宗教からの直接の影響、そして二次的にグノーシス主義の影響から生じた。ユダヤ教はその過程において何の役割もはたさなかった[30]。

　次にマッコービは、聖餐はパウロによって始められ、それ自体、「ユダ

ヤ教のキドゥーシュ〔ぶどう酒を聖別する祈り〕ではなく、密儀宗教の儀礼食事と」最も多くの類似点をもっている、と論じることで彼の主張をさらに展開している（1991:90）。新約聖書学者による多くの研究が、聖餐の起源についてなされてきた。マッコービも同様に、多くのページを費やして（90-122頁）、聖餐とユダヤ教を結びつける証拠を論駁している。パウロが伝える聖餐は（1コリ11・23〜26）、特に四つの点において密儀宗教の共同の食事と酷似している。パウロが使用している「主の晩餐」（キュリアコン・デイプノン）という名称は、密儀祭儀において救済の中心人物が「主」と呼びかけられ、称されていることと似ている。パウロがパンを強調するのは（ユダヤ教の食事におけるぶどう酒・パンの順序を逆にすることで）、収穫を産出する土地の肥沃さを示す食物に集中する密儀宗教と類似している（例えば、穀物の穂を中心とするエレウシスの秘儀）。「食事のあとで」という表現を用いることで、パウロはぶどう酒を異教の祭儀に結びつけているのかもしれない。その祭儀とは、オリュンポスの神々以前の神であるアガソス・ダイモーン〔守り神・守護神〕を礼拝するもので、その神は密儀宗教の神々の背後に存在している（1991:124）。最後に、マッコービによれば最も重要なことだが、パンとぶどう酒を共に食する時に参加者は実際に神のからだと血を食している、という考えは、ユダヤ教（そこでは血を飲むことは禁止されていた）ではなく、むしろ密儀宗教に基づいている。このような食事に参加することで、信仰者は神が臨在する神秘的な共同体に入り、神の不死を共有すると考えられた。

　簡潔な後書きの中でマッコービは、パウロの洗礼に最も似ているのはユダヤ教の清めの概念ではなく、密儀宗教における一回限りの入信儀礼であると論じている。しかし、マッコービの研究は議論を呼ぶ、というのが最も良い表現であろう。そして彼の結論はあまり広くは受け入れられていない。

　初期の研究で**ハンス・ディーター・ベッツ**（Hans Dieter Betz）(1968) は、ローマのサンタ・プリスカ教会で発見されたミトラス神殿のミトラス碑文

と新約聖書との多くの類似点を指摘している。碑文は新約聖書より後代であるが、それらは祭儀資料として古い伝承にまで遡り、従って1世紀のキリスト教より早い時期か同時代に属するに違いない、とベッツは論じている。ベッツは、ひとつの宗教集団が別の集団に直接に依存することを示すことに関心はない。むしろ、「しかしながら、形態や概念の比較を通して、ミトラス宗教と初期キリスト教の両者に見られるヘレニズム密儀祭儀の概念の構造を、私たちがよりよく理解することになる」のである（1968:64）。

ミトラス碑文はラテン語であるが、そこに表現された概念は、パウロの言葉遣いと多くの類似点をもっている[31]。例えば、一行目に見られる世界の諸霊への祈り、すなわち、「すべてを産み出す肥沃な大地パレース」は、ガラテヤの信徒への手紙4章8節でこの世の諸霊の礼拝を論駁していることと関連する（コロサイ書とヨハネ黙示録も同様）。パウロの論駁に基づいて、キリスト信仰者のグループ内で幾人かがこの世の諸霊を礼拝していたことを少なくとも想像することができる。碑文の四行目に見られる、ミトラスの矢が当たってその岩から泉が生まれてくるという賛歌は、コリントの信徒への手紙一10章に見られる、荒野でイスラエル人に水を与えた岩であるキリストに関する議論と類似している。この箇所が直接に参照しているのは旧約聖書であり、旧約聖書に関するヘレニズム・ユダヤ教のミドラシュ〔ユダヤ教における聖書注釈〕のひとつであるが（参照：フィロン）、パウロが「密儀祭儀の概念にうまく当てはめて、そのミドラシュを解釈した」ことは明らかである（1968:67）。

七行目にある、（屠殺するために洞穴へ）雄牛を肩に担いで運んでいるミトラスへの詩的な言及は、「イエスの死」（2コリ4・10、ガラ6・17）、あるいは、他人や自分自身の重荷（ロマ15・1、ガラ6・2、5）を担ぐという倫理的理解と類似しているように聞こえる。十行目に見られる、この世の心配事は、パウロの手紙にある同種の懸念と共鳴する。十一行目は「宗教的に生まれ変わった」人物に言及しているが、これは、パウロが新しい創造としてキリスト信仰者に言及していることにたいへん似ている（2コリ5・17、ガラ6・

15)。困難なときを共に耐え忍ぶようにという倫理勧告は、碑文の十二行目に、そしてパウロ書簡の至るところで見出される。「あなたは永遠の血を流したあと、私たちを救った」という十四行目の信仰告白文は、ローマの信徒への手紙3章25節のような初期キリスト教の告白文に著しく似ている。

　これらすべては、ミトラスの密儀宗教とパウロのキリスト教との類似を示している。ベッツは、このことを共同体形成に直接に結びつけていないが、両者の資料に見られる倫理勧告は、個人というよりは信仰者の共同体に向けられたものであると述べて、共同体形成との関係をほのめかしている。しかしながら彼は、初期キリスト教の教会論にある「普遍主義」が[32]、ミトラス祭儀の自己理解との違いをきわ立たせていることに特に言及している（1968:74。参照：Nock 1972b。特に458）。

　かなりあとの著作でベッツは（1995年）、ローマの信徒への手紙6章に提示されているパウロの洗礼理解に関心をよせている。再び彼は、パウロの理解には密儀宗教との共通点があると論じている。しかし今回は、彼はより直接的な結びつきを見ている。ベッツは、パウロの洗礼理解はパレスチナの環境に由来しており、特に初期キリスト教会における洗礼者ヨハネの影響がある、と論じている。パウロは、ガラテヤの信徒への手紙3章26～28節で初期の洗礼定式を引用しているが、コリントの信徒への手紙一を執筆するときにはそれとは違った展開をしている。しかし、洗礼に関するパウロの最も完成した理解は、ローマの信徒への手紙6章3～10節に見られるもので、「ある種、新しい洗礼神学を論述している」(1995:86)。それは、ガラテヤの信徒への手紙3章26～28節に基づいているが、そこから相当に発展している（1995:107-8）。

　異邦人キリスト信仰者のグループの創設者として[33]、パウロは、「パレスチナ・キリスト教の伝統、儀式、組織」に本質的な変化を導入した主要な責任者の一人であった（1995:100）。こういうわけで、ローマの信徒への手紙6章でパウロは、洗礼をキリスト信仰者の入信儀礼として解釈してお

り、洗礼はヘレニズムの密儀宗教の多くに見られる入信儀礼と全く同じように機能した。この点において、パウロは密儀宗教から影響を受けたのである。

　パウロのキリスト信仰共同体の類比として密儀宗教を考察することに批判的な観点から、密儀宗教とパウロのキリスト教とのより限定的なつながりを主張する研究者もいる。例えば、**カール P. ドンフリード**（Karl P. Donfried）は、テサロニケを考察対象に取り上げ、テサロニケの市民と宗教の歴史を認識することは、そこに存在する最初期のキリスト信仰共同体とそこに宛てたパウロの手紙を理解する上で極めて重要な出発点である、と論じている（1985:336-56）[34]。

　この目的のためにドンフリードは、1世紀のテサロニケで一般に流布していた神々を概観している。すなわち、サラピス、ディオニュソス、カビルス、皇帝崇拝である。ドンフリードは論文全体を通して、パウロが手紙を執筆する際、「勧告的目的」（protreptic purposes）を実現するために、いかに用語を注意深く選んだのかを示している（1985:353）。すなわちパウロの用語法は、テサロニケの町中に広がっていた、密儀祭儀と皇帝神学の用語とうまく共鳴していただろう、というのである。言うまでもなくこれらの用語は、過去に大きな位置をしめていた。しかしパウロは、キリスト教を密儀祭儀に変えるためにではなく、テサロニケの人々の生活がキリストとの「新しい生き生きとした関係」において、どれほど完全に変えられたかを示すために、そのような言語を用いるのである（1985:353）。そうは言っても、テサロニケの地域性は、パウロがキリスト信仰共同体の自己アイデンティティの形成をどう手助けしていくのかを決定づけている。

　さらに徹底した研究である*The Thessalonian Correspondence*（1986）〔『テサロニケ人への書簡』〕で、**ロバート・ジュウェット**（Robert Jewett）もテサロニケのパウロの共同体に焦点を当てている。テサロニケの信徒への手紙一とテサロニケの信徒への手紙二の考察で、ジュウェットは修辞的分析と、テサロニケの政治的、経済的、社会的、宗教的文脈からの情報を利用

し、テサロニケ教会の状況を再構築している。彼は、次のように結論づける。パウロの手紙は「千年王国的急進主義」(1986:xiii)の状況に言及しており、その状況がテサロニケ教会のメンバーをして至福千年が実際に到来したと宣教させ、それに従って行動させた。この千年王国的信仰が迫害や教会メンバーの死去によって萎んでしまったため、パウロは最初の手紙を書いた。しかしこの危機に対処する中で、パウロは急進派の一部を刺激してしまい、彼らを反律法主義的行為や主の日がすでに到来したという宣言に至らせてしまった。この状況を制御するためにパウロはテサロニケの信徒への手紙二を送った。

ジュウェットは、カビルスの密儀祭儀がテサロニケ教会の発展に影響を与えていた、と論じている。カビルスの人物像はキリストと類似していた。すなわち、両者とも殉教死を経験し、肉体を伴って再来すると期待された。カビルスの祭儀はパウロの時代、テサロニケにおいて最も重要な宗教祭儀であった。最初それは下層階級でかなり広まっていたが、パウロの時代には完全に市の行政官の関与のもとにあった〔つまり、テサロニケ市の市政祭儀として下層階級を押し退け、上流階級に信奉されるようになった〕。このため貧しい労働者たちは、キリストを受け入れやすい状況であった(1986:165)。そして、これらの労働者たちは千年王国急進主義者となり、労働を拒否し、性的に放縦な生活を営み、共同体の指導者を認めることを拒んでいった。それらはすべて、恍惚状態においてすでに経験した再臨の準備をするためであった。パウロがカビルスの祭司に期待された役割を果たせなかったとき、千年王国急進主義者は彼をテサロニケ教会の会衆の前であざ笑った。パウロは急進派をアタクトイ(「反逆者」)として位置づけ、彼らを統治し、黙示的未来にふさわしい行動様式を再樹立しようとした。

ジュウェットの研究は肯定的な論評を受けている。ただ、カビルス祭儀がテサロニケのキリスト教の発展に影響を与えたという彼の推測については、もっと論拠が必要であると指摘されている[35]。ジュウェットは、テサロニケのキリスト信仰者についての先入観に基づく前提を、修辞学的批評

103

を用いることによって批判しようとしているのだが（1986:xiv）、恣意的な分析と根拠のない前提が自分の議論に入り込むのを完全には防ぐことができていない[36]。

結論（Conclusion）

全体として、初期キリスト教を理解するために密儀宗教が大いに役立つとは証明されなかったことは明らかである。宗教史学派が全般的に、密儀宗教の影響について研究者を納得させられなかったために、密儀宗教は取るに足りないものと見なされることになった[37]。しかしながら最近の研究は、個々の密儀宗教が持つ一つ一つの側面を考察し、さらにまた、特定の地域における宗教生活に研究を特化させることで、より実り多いものとなっている。今や、宗教史学派の概括的な主張が決して行わなかった方法で、密儀宗教の概念が、パウロの思想やキリスト信仰者の共同体形成の諸側面を解明している。

ゲーリー・リース（Gary Lease）の研究（1980）はさらに有益である。彼は、密儀宗教がパウロのキリスト教に重要な影響を与えていると考える研究者と、そのようないかなる影響も否定する研究者と、これらどちらにも偏らない道をとっている。リースは、密儀宗教と形成期のキリスト教が同じ環境を共有しているため、「キリスト教と他の古代末期の宗教の間にある、直接的で意識的な相互の影響や模倣に関しては、極めて複雑でおそらく解決できない問題になる」、と指摘している（1980:1315）。彼は、ミトラス教とキリスト教の類似点を以下に挙げる領域で概観している。すなわち、教義（宇宙論、贖いの仲介者、終末論）、起源（贖い主の誕生、洞穴〔ヘレニズム神話によるとミトラスは岩から生まれた〕、祭典）、儀式的行為（洗礼、祭儀的食事、清め、聖戦）である[38]。リースは、これらすべての事例において、派生または直接的な影響の要素を特定することは困難である、と認めている。「ミトラス教とキリスト教それぞれが発展、解体あるいは存続す

る中で、一方が他方に明確で直接的な影響を与えたことは証明できなかった」(1980:1329)。

　この結論に到達する中で、リースはミトラス教とキリスト教に共通の文化的背景を指摘している。キリスト教はパレスチナの地を離れてから、「古代末期のより広い非ユダヤ的・ヘレニズム世界」に遭遇した (1980:1328)。ここでキリスト教は、先祖が経験したものと異なる宗教的な経験を求めていた人々から支持を得るために、ミトラス教を含む他の諸宗教と競い合っていた。人々の世界は変化してしまい、そのような状況で彼らの宗教的願望も変わっていった〔ヘレニズム時代、宗教混合主義が台頭し人々の宗教に対する変化が生じた〕。このような動乱の時代に、多くの者は運命が与える圧倒的な重圧とその支配からの解放を求めていた。このことは多くの人々を、「超越的なものに対する、個人的、儀式的な次元での対面を強調することに導いていった」(1980:1309)。

　競合する種々の宗教運動が、似通った言語、信条、慣習を通して千差万別の関心事に取り組むことは驚くべきことではない。相互影響を与え合うことは、意識的であれそうでなかれ、ほとんど避けることはできない。この考察がもつ意味合いについて本書の結論で取り上げるが、今ここでは次のことのみを記しておく。つまり、この考察は、これら競合する諸宗教が人々のどのような要求を取り扱っているのか、そして、諸宗教はどのようにそれを行っているのかを注視することで、初期キリスト教をより広い観点で理解する道を切り開くのである。たとえ、概念や習慣の「〔発生〕源」については進展がなかったとしても、このような考察を通して、私たちは初期キリスト教をより豊かなニュアンスを含めて理解することに導かれるであろう。

注

1. 「密儀宗教（mystery religions）」ではなく「秘儀、奥義（the mysteries）」という用語を使用することについては、本書の「序論」注1を見よ〔ただし、「密儀宗教」という日本語表現の汎用性と便宜性を鑑みてthe mysteriesを「密儀宗教」として訳出〕。

2. ローマ6・1～11ほどではないが、しばしば強調される他の箇所は、1コリント2・14、15・1～58、フィリピ2・6～11である。

3. 残念ながら、わかっていることがあまりにも少ないため、確かな結論を引き出すことはしばしばできない。儀式の経験や解釈は、一般に入信者によって秘密として堅く守られた。わかっていることは通常、碑文や一般市民を目的とした芸術作品からであり、詳細についてはかなりあいまいである（Wedderburn 1982:829）。

4. 1979年までの密儀宗教研究を包括的にかつきちんと分類してまとめている文献目録は、Metzger 1984を見よ。

5. ただし、任意団体はこの型に限定されない。本書の第4章でこの団体について詳しく論じる。

6. 私たちの最大の関心は、パウロの共同体形成に密儀宗教が及ぼした影響にある。パウロの思想に対するより一般的な影響を考察することは、本章の範囲を超えている。この問題をさらに追究したい読者はMetzger 1968あるいはWagner 1967の研究をまず手にとり、そこで紹介されている文献に従うのがよいであろう。

7. Metzger 1968:8、Lease 1980:1315-16。教父の中には、殉教者ユスティノス、テルトゥリアヌス、オリゲネス、フィルミクス・マテルヌス、ヒエロニムスがいる。非キリスト信仰者にはケルソスとフラヴィウス・ウォピスクスがいる。

8. このことはキリスト教の聖餐とミトラス教の類似した儀式に当てはまった。殉教者ユスティノス（『弁証論』1.64.4〔邦訳『キリスト教教父著作集1』柴田有・三小田敏雄訳、教文館、1992年、83頁〕、『ユダヤ人トリュフォンとの対話』70.1）とテルトゥリアヌス（『異端者への抗弁について』40）は、これらの類似を悪魔に起因させている。

9. パウロ研究に及ぼした宗教史学派の影響の概観については、Riches 1993:31-49を見よ。

10. ドイツ語の原著Die hellenistischen Mysterien-religionenは、1910年に最初に出版された。1978年の英訳は1926年の第3版に基づいている。

11. ライツェンシュタインは、ローマ6章のパウロの洗礼理解を説明するためにアプレイウスのイシス祭儀を考察している。

12. 多くの研究者は、ライツェンシュタインのアプローチは単純化しすぎであり、還元主義的なものであると見なしている。彼は「密儀宗教をひとつのまとまった現象として描き、それは後2世紀とそれに続く世紀に、グノーシス主義において全盛をきわめたとしている」(Kee 1995b:145)。

13. ロワジーは、その変容がパウロだけによってもたらされたのではないことを認めているが、パウロは「この変容において最も重要な働き手であった」としている(1911:57)。

14. この本は5版を重ねた。最終版は1964年にブセットの同僚の指導のもとで行われた。ブセットはその二巻目の刊行の前に死去した。それは1970年まで英訳されなかった。

15. *Das Urchristentum in Rahmen der antiken Religionen* (Zürich: Artemis, 1948) の英訳である。

16. ブルトマンは、イエス自身の働きはグノーシス的贖罪神話の線に沿ってイメージされたと主張している。さらにブルトマンは、パウロはイエスの死と復活をユダヤ教（ロマ3・25）、密儀宗教（ロマ6・2〜11）、グノーシス主義（2コリ5・17）からの概念を利用して様々に描くことができた、と論じている（1956:197を見よ〔邦訳『著作集6』392頁〕）。

17. 密儀宗教についての私たちの理解は、実際の集会場所の発見を含む考古学的遺物と新しいテキストの復元を通して進展してきている。その他のテキストも再吟味、再解釈されてきている。しかしそれにもかかわらず、密儀宗教の祭儀において、実際何が執り行われたのかは謎のままである（Wiens 1980:1255）。

18. ノックの論文の多くが収集され、二巻本で出版されている。これは、大半の学生にとって最も入手しやすいため、本書ではこの二巻本における論文の参照ページを示した。

19. Kennedy 1913、特に115-98頁を見よ。ケネディは、パウロの言葉遣いの最も明瞭な背景を旧約に見ている（1913:154-55）。ヒューゴ・ラーナー（1963）は、パウロの言葉遣いが密儀宗教から影響を受けていないことを論じているが、密儀宗教との間に用語上の一般的な類似があることは認めている。

20. しかしながら、パウロが異教についてごく一般的な形でしか知らなかった、そし

てパウロが異教から概念を利用する可能性は全くなかったとノックが主張するのは、誇張だろう（Malherbe 1989a:13はNock 1972d:930に応答している）。

21. より最近ではノックの立場は、ジョナサンZ.スミスによって批判されている。スミスは、ノックの研究の中に多くの方法論的欠陥と護教的性質があることを指摘している（Smith 1990:66-84）。

22. *Das religionsgeschichtliche Problem von Römer 6, 1-11* (Abhandlungen zur Theologie des Alten und Neuen Testaments 39; Zürich: Zwingli, 1962)の英訳。

23. ヴァーグナーの本の最初の部分は、宗教史学派の実践者によるローマ書6章の理解について最も包括的な概観を提供している。

24. Wedderburn 1982:817。C. Colpe, *Gnomon* 38 (1966) 48を引用している。

25. ヴェダーバーンはヴァーグナーの研究のいくつかの側面、特にヴァーグナーがローマ書6章を論じる際、「パウロによるキリスト教伝承の利用や修正を全く考慮していない」という事実に批判的である（Wedderburn 1982:818）。

26. より徹底した最近の研究で、私見ではさらに役に立つと思われるのは、ジョナサンZ.スミスの*Drudgery Divine*（1990）〔『神性なる苦役』〕である。スミスの方法論的洞察は、私たちの研究全体にとって重要な意味を持っているため、本書の結論で要約する。

27. 無論、メッガーへの批判がないわけではない。最近では（最も効果的に）Smith 1990:48-50によってなされている。

28. キリスト教と密儀宗教の比較についての、広範囲にわたる方法論的扱いについてはSmith 1990を見よ。スミスは、パウロと密儀宗教の研究には全く新しいアプローチが必要であると指摘している（1990:143）。スミスについて詳しくは本書の結論を見よ。

29. 初期の研究でマッコービ（1986）は、パウロはユダヤ人ファリサイ派として生まれたのではなく、実はユダヤ教にためらいながらも改宗した人物であったと論じている。

30. マッコービは、このことがいかにして、パウロがキリスト教の反ユダヤ主義の土台になるという結果をもたらしたのかを示している（1991:84-89）。キリスト信仰者の反ユダヤ主義は、彼の本の主要な関心である。

31. ベッツは、新約聖書テキスト全体に対する関係を広く捉えているが、私たちの関

心は真正パウロ書簡のテキストと共鳴している碑文テキストである。

32. すなわち、キリスト教はそれが発生してきたところのユダヤ教という民族的境界を越える（参照：Nock 1972a:70-71）。

33. ベッツは、パウロが異邦人キリスト信仰者のグループの創設者であることを主張するのに十分な証拠を、ヘレニズム時代の多くの事例を含めて提供している。興味深いことにベッツは、パウロの教会は「宗教団体」、あるいは、私たちが任意団体として名づけてきたもの、として創設されたと論じている（1995:88-89）。しかし彼はすぐに、創設に続いて、「教会共同体の家を築く」非常に長いプロセスがあった、と論じている（1995:89）。この後者の局面に、ベッツは密儀宗教の影響をみている。

34. エドソンの初期の研究を参照（Edson 1940、1948）。エドソンは、パウロの手紙や初期のテサロニケ教会に言及せずにテサロニケの祭儀を論じている。のちの論文でドンフリードは、テサロニケの信徒への手紙二について同じ主張をしているが、この手紙の執筆はパウロの同労者に帰している（Donfried 1993）。

35. Holand Hendrix, review, *JBL* 107 (1988) 766、Steven J. Kraftchick, review, *Int* 42 (1988) 412、S. C. Barton, review, *ExpTim* 99/3 (1987) 90。

36. 詳しくはHendrix 1988:764-65を見よ（Kraftchickの書評 1988:411-12も参照）。また直前の注も見よ。

37. 例えばミークス（Meeks 1983:74-84〔邦訳205-26頁〕）は、教会形成を理解するための可能性があるモデルの概観に密儀宗教を含めていない。

38. そのような考察の中で彼は、キリスト教と同じく、ミトラス教も時代や様々な場所によって異なっていた、ということに注意深くも気づいている。

4

任意団体

(Voluntary Associations)

第4章　任意団体

パウロと任意団体（Paul and the Voluntary Associations）

　ルカは使徒言行録19章9節において、エフェソのシナゴーグを去ったあと、ティラノのスコレーで教えているパウロに言及している。スコレーは通常、講堂と考えられ、パウロが遍歴哲学者であることの証拠となるが、**アブラハム J. マラーブ**（Abraham J. Malherbe）は、これは職人会館を指すありふれた名称でもあると考察している（Malherbe 1983:90）。職人会館は、しばしば組合（guild）のパトロン（後援者）の名前にちなんで命名されることがあった。その意味でルカは、エフェソの初期キリスト教会の姿をティラノの会館で会合する組合として描写しているのかもしれない。エフェソでパウロは教えるだけでなく、天幕作りの職人としても働いているが、このことはパウロが職人たちとしばしば接触したことを意味しており、この職人たちがエフェソ教会の核を形作った可能性がある（Malherbe 1983:90-91）。

　"Our *Politeuma* is in Heaven: The Meaning of Philippians 3:17-21"（1993）〔「私たちのポリテウマ［国家、市民共同体の意］は天上にある──フィリピ3・17〜21の意味」〕という小論考で**ウェンディー・コッター**（Wendy Cotter）はしばしば、任意団体がパウロのフィリピ人への勧告を解釈するための背景を提供している、と論じている。任意団体は、飲食における過度の放縦や性的過激さのために拒絶されたが、これはパウロの「彼らは腹を神とし、恥ずべきものを誇りとし、この世のことしか考えていません」という描写に明らかに合致する（フィリ3・19）。そのような生活様式をフィリピのキリスト信仰者は真似てはいけない。パウロはフィリピの人々の生活とこれら「論敵」の生活を、「私たちのポリテウマは天にある」と提示しつつ対比している。コッターは、パウロがこの表現を用いることで論敵の語彙を取り上げ、それを使って将来における大きな栄光へとフィリピの人々が召されていることを再確認している、と論じている。任意団体の慣行への言及、ポリテウマという単語の使用及び、フィリピの信徒への手紙1章

27節で動詞形ポリテウエスサイ〔「市民として生活する」の意〕を用いている点、また、市や団体の職員に与えられた称号を使っての指導者への言及（フィリ1・1のエピスコポイ〔保護者、監督者〕とディアコノイ〔奉公人、執事〕）、これらはフィリピ教会が参考にしている共同体モデルが、任意団体のそれであったということを示している。パウロは、共同体モデルとして任意団体を用いているにもかかわらず、「政治組織や市民の組織に典型的な、世俗的で野心的な振る舞い」を受け入れるべきでない、とフィリピの信者に警告するためにこの手紙を書いている（1993:104）。

1981年にS. C. バートン（S. C. Barton）とG. H. R. ホースレイ（G. H. R. Horsley）は"A Hellenistic Cult Group and the New Testament Churches"〔「ヘレニズム的祭儀集団と新約聖書の教会」〕と題した大部な分析結果を発表した。そこで彼らは、私的な任意団体の規則を列挙している、フィラデルフィアの碑文（SIG^3, 985）を吟味している。彼らは分析の中で、初期キリスト教、特にパウロのキリスト教が祭儀集団（特にフィラデルフィアの集団）と共有している類似点を指摘している。起源に関しては、両集団とも「任意による」会員から成っており、創設は個人のイニシアチブに依拠していた。両集団はまた、協力ともてなし、特に宗教的集まりのために自宅を開放してもらうことに頼っていた。また両集団ともに、伝統的制度が信用を喪失する時代にメンバーに安寧と救いを提供した。神の役割は、どちらも似通っていた。フィラデルフィアの碑文では、神ゼウスが団体の創設者ディオニュソスに現れ、彼に組織の規則を告げている。同様に、新約聖書は夢や預言を通して、特に帝国を横断する新しい運動の拡張に関して、人々に話しかける神に満たされている（例えば、使9・1〜19、10・1〜48、16・9、ガラ2・2、2コリ12・1〜4）。いずれの集団においても、神は信奉者の間に道徳的潔癖さを推奨し、それが守られないと神罰を下すと脅す。彼らは通例、共同体のメンバーが所有している、「オイコス」と一般に表現される私的な場所で集会をもった（1コリ16・19、ロマ16・5、フィレ2、コロ4・15を見よ）。どちらの集団も定期的に集会を開き、毎年祝賀のた

めに特別な日をもっていた。

　最も重要な類似点の一つは会員資格である。両集団とも性別に関係なく人々に開かれて、社会的階級も考慮されなかった。事実、任意団体への女性（と奴隷）の参加は公共機関には見られない程のもので、「キリスト信仰者が模倣するための先例をつくった」(1981:33) のである。両集団には会員資格の条件として（任意団体は条件として、キリスト信仰者は結果として）、特に性倫理の領域と社会的な悪徳に関して厳格な道徳規準があった（それは個人的な生活よりはむしろ集団に関係するもので、例えば、もてなしなど）。集団が設定した規準を満たさない場合、会員資格を喪失し除名という結果となった。両集団には位階制に基づいた区別は全く存在せず、双方ともに「平等主義的、直接参加的」であった (1981:38)。

　活動という点で、バートンとホースレイがこれら二つの集団の間に見出した唯一重要な類比は、個人の家（オイコス）に宗教的目的のために自発的に集まるということである。その中で行われる諸活動は、非常に異なる（下記参照）。目的という点では、両集団は儀式よりも道徳に関心があった。しかしながら、バートンとホースレイにとって、キリスト教はフィラデルフィアの任意団体よりは哲学学派に近く、バートンとホースレイは、キリスト信仰者の集団は祭儀集団と哲学学派の結合であったと論じるほどである（参照：Wilken 1971）。最後に、任意団体とキリスト信仰者の集団は、共同体の生活において個人主義的側面よりも共同体的側面を重視した。

　数多くの重要な相違点がバートンとホースレイによって指摘されている。まず、祭儀集団は地域に限定される傾向にあったが、キリスト教の広がりはより国際的であった (1981:28)。バートンとホースレイは、キリスト信仰者の集団の地域的性質は、地域に限定された祭儀集団とよく似ていることを認めつつも (1981:28)、キリスト教の世界規模のつながりを力説している。二つ目に、神は双方の集団に存在するが、任意団体とは異なりキリスト信仰者の集団では物質的には表現されなかった。このため、キリスト信仰者の集団は独特な「非祭儀的」特徴を帯びていた (1981:30)。三

つ目に、任意団体がもつ道徳規範は、祭儀に参加するための前提（もしくは「必要条件」）であったが、キリスト信仰者の集団では、道徳的高潔さは復活の主イエスに対する信仰の献身に続くものであった（それゆえ、それは「しるし」であった。1981:30-31）。四つ目に、キリスト信仰者の集会は、フィラデルフィアの団体よりも頻度が高く、月ごとではなく毎日あるいは毎週もたれた。同様に、キリスト信仰者たちの「改宗活動」は、「任意団体」との相違をきわ立たせていた（1981:34）。

　二つの集団がもつ道徳規準の類似にもかかわらず、キリスト信仰者の集団は倫理勧告において、悪徳の抑制だけでなく美徳の発揮にも焦点を合わせており、その意味でより厳格であったと言える（1981:37）。これに、ある種の霊的賜物を他のそれより高く位置づけることが付け加わり、霊的賜物がある人々を他の人々より尊重するという結果をもたらし、キリスト教の共同体が目指した平等主義的性質にいくぶんそぐわないことになった。八つ目の相違は、初期キリスト信仰者には聖像（イコン）、秘儀、清め、贖罪祭儀、犠牲祭儀がなかったことである。その代わりに、彼らの集まりは、祈り、賛美、教え、共同の食事を含んでいた。また、多くの点でキリスト信仰者の会員資格は、部外者や未入信者に広く開かれていた（1981:39）。最後に、フィラデルフィアの祭儀団体はこの世におけるゼウスからの救いを求めたが、キリスト信仰者の集団は来たるべき世における救いを求めた。

　バートンとホースレイは、直接的な影響を論証するには証拠が不十分であることを示しつつ、キリスト教会と任意団体を比較する目的は両者の類似点を描くことである、と明言している（1981:7）。彼らが指摘した両集団の相違にもかかわらず、任意団体は古代キリスト信仰者の集団にとって重要な類比であり、研究対象として価値がある。事実バートンとホースレイは、「パウロの共同体概念は、フィラデルフィアにあったような私的な祭儀団体に属する人たちにとって魅力的であっただろう」と論じている（1981:39）。そして、パウロの教会はそのような人々から形作られたかも

しれない、と示している。

任意団体の性質と広がり（Nature and Extent of Voluntary Associations）

概要の描写[1]（Description）

任意団体は「男性（あるいは女性）が自由意志で参加し、その人を団体の自由意志で受け入れる集団」として一般には定義できるだろう。そして「この相互の受容は、双方に対して義務を作り出す」（Roberts, Skeat, Nock 1936:75。参照：Meeks 1983:78〔邦訳213頁〕）。それは、「緊密に結びついた集団であり、会員資格、指導体制、相互連帯のための独自の規則があり、事実、部外者からそのように認識され得た」（Gaston 1993:85）。このような団体は、前5世紀もしくは前4世紀という早い時期からローマ帝国時代に至るまで存在した。ヘレニズム時代において任意団体は重要度を増し始め、ローマ帝国時代までには当局からの取り締まりにもかかわらず、ほとんどすべての都市と町でその存在が確認されている。

任意団体に関する私たちの主要な情報源は碑文である。団体の会員資格、声明、規則は石に刻まれ、一般の目に留まるように建てられた（参照：Schmeller 1995:24）。パピルスと違い、そのような碑文はかつてローマ帝国があった地域全体で風化せずに生き残った[2]。

古代において多くの用語が任意団体を示すために使用された。それらは元来異なる意味を持っていたが、時間と共に意味の違いは消えていった。オルゲオーネス、シアソス、エラノスがこれにあたる（Danker 1992:501を見よ。参照：Tod 1932:74-75）。ローマの団体は通常、コレギアと呼ばれた。任意団体とそのメンバーを表すのに使用された他のギリシア語は、エフェーボイ、ネオイ（またはネオーテロイ）、エクレーシア、シナゴーゲー、シノドス、コイノン、そしてラテン語では、ソダリタスとフラトゥレスである。

利用できる証拠の種類によって、使用され組み合わされる用語が変わるため、種々異なるタイプの団体を明確に区別することは困難である（Kloppenborg 1996a:18）。しかし通常、任意団体は大きく三つに分けられる（Kloppenborg 1996a:18）。一つは葬儀団体（funerary associations）で、それは亡くなった会員の適切な埋葬を保証するために組織された。そのために会員は、入会金および（または）会費を支払い、それが葬儀のための共同資金とされた。会員の葬儀のためにだけ、表立って作られた団体は後2世紀まで存在しなかったが、多くの団体はそれ以前でも会員に適切な葬儀を請け負った（Kloppenborg 1996a:21）。しばしば、そのような葬儀団体は、会員による定期的な会食をもち、社会的なクラブとしても機能した。葬儀団体から派生したのは、パトロン（庇護者・後援者）による設立又は寄付によってできた団体である。その団体の目的は、パトロンをその命日に一族の墓地で追悼することであった。

二つ目は宗教的団体（religious associations）であり、祭儀行為や特別な祝祭日を通して特定の神または神々を礼拝するために組織された。そのような団体は公の行列も伴ったかもしれない。ある団体は通常公共の神殿での礼拝と結びつき、社会的な機能を果たした。また、別の団体は、ほとんど私的な聖所だけに集う私的な団体であった（Roberts, Skeat, Nock 1936:75）。

三つ目は専門家団体（professional associations）であり、商人や専門の職人によって形作られ、ヘレニズム時代（Fisher 1988a:1195）とローマ時代（Jones 1955、特に170-86）ともにその存在が確認されている。外国人の商人や職人による大規模な団体は、帝国内のほとんどすべての都市に、特に規模の大きい商業の中心地において作られた（例えば、ローマ、コリント、エフェソ。Meeks 1983:32〔邦訳77頁〕）。ほとんどの職人は、都市の特定の地域に居を構え働いていたため、彼らが自ら団体を形成することは容易であった（Kloppenborg 1996a:24）。ディオニュソス俳優の専門家団体もローマ帝国のいたるところで栄えた。

葬儀、宗教、専門家というこれら三つの概括的な分類は役に立つが、様々な重なり合いがあり、多くの団体は様々な仕方で機能していた。例えば、専門家団体が特定の神を熱心に礼拝することもあったし、会員の葬儀を請け負うこともあった。

任意団体の主要な機能は、宗教的であり、社会的であった。そのほとんどすべては神の礼拝に関わり、そのご加護を要求した。ほとんどが共同の食事のために集ったが、それはもっぱら社会的な理由に基づいてのこともあり、あるいは、神（々）への犠牲祭儀や亡くなったメンバーやパトロンを墓地で追悼するためのものであったりした。ごくわずかな例外を除いて、専門家団体でさえ、労働条件の改善や賃金値上げのためというよりは、共通の礼拝や友好のために結社された（さらに詳しくは、Kloppenborg 1996a:19-20を見よ）。

任意団体は比較的小さな集団であった。会員が300から400に達する団体も存在し（McLean 1993:257）、また1200人の会員を擁する団体もひとつ存在したとはいえ（Kloppenborg 1996a:30、注64）、会員が100人を超える団体はまれであった。また、会員が10名に満たない団体も例外的であった。通常、団体は20から50の会員を擁していた（参照：Schmeller 1995:40）。

上流階級の者が明らかに何人かはいたが、ほとんどの任意団体は、「都市貧困者、奴隷、解放奴隷から構成された」（Kloppenborg 1996a:23）。女性が男性と対等なメンバーとして存在する団体もあったが、専門家団体の会員資格は性別に従って分けられていた可能性が高く、男性の専門家団体すべては男性が多数を占める職業に結びついており、女性の専門家団体のすべては女性が多数を占める職業に関係していた（Whelan 1993:75-76と脚注20-23及び、Kloppenborg 1996a:25を見よ）。

パトロンは、任意団体において重要な役割を果たしていた[3]。団体が存続し、饗宴や祭典が開催できるようにパトロンは多額の寄付を行い、その代わりに団体側はパトロンに公的に敬意を表した。団体のパトロンは一人の男性あるいは女性、ときには家族全体がなる場合もありえた[4]。し

ばしば、一つの団体が複数のパトロンをもつこともあり、あるいは、ひとりのパトロンが一度に複数の団体を支援する場合もありえた（Schmeller 1995:33）。

シュメラー（Schmeller 1995:35）は、パトロンの役割について以下のように論じている。パトロンは、たんに「名誉会長」であって実際には団体のメンバーではない。集会に参加せず、集団を直接支配することもなかった。また、資金運用について制限をつけることもなかった、と。しかしながら多くの碑文は、これに反した証言をしている。つまり、（常にではないが）しばしばパトロンは会長として機能し、集会でも活動的であった。パトロンはまた、どのように基金（特に遺言による寄付金）が分配されるべきかを決定し、そのために何人かの担当者を（しばしばパトロンの親類から）任命することもできた。

団体には通常役職者が存在し、役人に肩書きを授与したことを裏付ける「極めて豊富な資料」が〔碑文に〕あった（Meeks 1983:134〔邦訳350頁〕）。しばしばこれらの役職者は、行政の役人の肩書きや機能を模倣したのであった（Meeks 1983:31、134〔邦訳76、350頁〕）。彼らは、犠牲祭儀、饗宴、祭典（祭司、女祭司）、資金の徴収と分配（出納係）、集会の召集と統轄（会長）、という責任を担った。これらの役職者は団体のメンバーによる投票で選ばれたかもしれないが、ある場合は最も高値で入札した人が役職を購入することもあっただろう。いずれの場合にせよ、このような責任を負うことはしばしば経済的に重い負担をもたらし、役職者は私費を投じ職務を全うすることを要求された。もちろん、その代わりに役職者は団体から様々な栄誉を受け取った（彫像、冠、公布、碑文）。

多くの団体の中には、序列と平等の両方が存在した（参照：Schmeller 1995:42）。創設者と役職者の間には格差が存在したが、役職者の多くは、一般の会員に比べて犠牲獣の分け前をより多く受け取った。しかしながら会員全体としては、市民や非市民、主人や奴隷、男や女、金持ちや貧乏人がおり、すべての人たちが一緒に団体に属し交流していることは良く見

られた。専門家・職人団体が社会的に最も均質だったであろう（Schmeller 1995:49）。他の種類の団体はそれほどでもなかった。

　団体に属することで多くの個人的な恩恵があった。家族、友人、故郷をもつことで与えられる伝統的な安心感（おもに軍事または貿易を通して得ていたもの）が多くの人にとって希薄になった時代において〔ヘレニズム時代、都市国家（ポリス）と市民のつながりが弱まった〕、団体の会員資格は〔それに代わる〕ある種の帰属意識を与えてくれた（Kloppenborg 1996a:17-18）。団体の会員資格を通して、生活がより満足しうるものになり得たのであった。団体の多くが、より大きな社会の中で社会的な支援のネットワークも提供した。生活が苦しいメンバーに基金を提供するグループさえあった（参照：Renan 1866:281〔邦訳401頁〕）。しかしながら、メンバーでない困窮者を援助している団体についての証拠はほとんどない（Danker 1992:502）。明らかな特典として、きちんとした埋葬の保証、そして年一度その死をいたんでもらう可能性もあった。最後に、団体に参加することは、都市国家（ポリス）の組織的構造を模した、名誉、名声、権威を達成する機会を与えた。このように「団体の外では決して望むことができなかった」地位を、メンバーは手に入れることができたのである（Kloppenborg 1996a:18）。

普及活動[5]（*Propagation*）

　古代を通じて、任意団体を形成しそれを拡張していくための数多くの方法があったことを示す証拠が存在する。ここでは、団体が形成されることになった手続きのいくつかに光を当てよう。これらの手続きは後に、碑文の中で言及されるようになったのである。そこには、個人（遺言による基金の創設を含む）や商人、神々（夢、幻、神託）の行為によるものが取り込まれている。

　私的な任意団体を個人が種々の目的で形成することは可能であった。もっとも、そのおもな設立理由は、祭儀の執行、特に葬儀の執行で

あり、社会的な交流のためであったようだ。一般には、ある人物が他の人々を招き団体を形成した。複数の人たちが集団で形成することもあった（Liebenam 1890:169; Waltzing 1895:337）。このような団体は、しばしば創設者にちなんだ名前がつけられた。

　地域にある私的な団体は、サラピスやイシスのそれのような大きな宗教団体から形作られることもあった。テサロニケの碑文には、どのように宗教儀礼が小さな町に入って来て、最初の祭司となる女性の家に落ち着いたかが記録されている。その団体は最終的に幅広い支持者たちに開放されていった（*IG* X/2 255を見よ）。この場合のように、団体の守護神〔パトロンとしての神〕は、特に夢、幻、神託を通して任意団体の設立、成長、展開にしばしば関わっていた。しばしば個人が法的な遺言を作成し、基金を創設したが、この基金は故人となったその人を偲ぶ式典を行うために特定の団体にささげられた。すでに存在している団体がその基金を受け取ることもあったが、頻繁に新しい団体が設立された。

　特定の商売に関係する団体は、その商売にたずさわる人々が大勢住んでいる場所に設立された。また、民族的背景も団体の形成に至るもう一つの共通点であった。同じようなルーツを持つ人々は、団体を形成することで、多様な社会宗教的な出来事を享受できる相互支援と環境を提供したのである。

　古代において任意団体が形成される方法や理由が数多くあったことは、資料から明らかである。一度形成されると、メンバーを惹きつけ数を増やし、しばしば当初の集会場所に入りきれなくなった。普及活動を行う強い傾向を示す証拠はどの団体においても見当たらないが、地元や他の地域で新しいメンバーを惹きつけ、時には新しいグループを作り出したことは、数多くの団体に関する研究から明らかである。

モデルとしての任意団体（Voluntary Associations as a Model）

　初期キリスト教の集団にとっての類比として任意団体を取り上げることは、「決して新しい考えではない」（Countryman 1977:135）。2世紀、3世紀という早い時期に、キリスト信仰者や非キリスト信仰者は、キリスト信仰者の集団と任意団体を比較していた（Schmeller 1995:10; Wilken 1971; 1984〔下記に要約〕）。19世紀末と20世紀初頭に多くの研究者は、最初期のキリスト信仰者の集団形成は任意団体のそれであったと想定した。

　キリスト信仰者の集団はコレギア〔ラテン語で組合・団体を意味する。ローマの都市において任意に結社されたグループを指して用いられた。ヘレニズム時代、都市部において数多くのコレギアが存在した。参照：Stambaugh and Balch 1986:124-126〕であったと具体的に論じた最初期の研究者には、**テオドール・モムゼン**（Theodor Mommsen）と**ジョバンニ・デ・ロッシ**（Giovanni de Rossi）の二人がいる[6]。モムゼンの研究、*De collegiis et sodaliciis Romanorum*（1843）〔『ローマの団体と組合に関して』〕は、この主題に関するほとんどの後続研究の基礎となった。彼は、キリスト信仰者の集団が任意団体の特徴を持っていることを示した最初のひとりであった。モムゼン以前は、特に団体の法的地位に関する議論の中で碑文資料を個別に指摘するだけであった。*La Roma sotteranea cristiana*（1864-77）〔『ローマにおけるキリスト信仰者のカタコンベ』〕において、考古学者であるデ・ロッシはキリスト信仰者の墓地を分析し、その証拠から、キリスト信仰者の共同体は葬儀協会と認識されていたと結論づけた。

　1866年に**エルネスト・ルナン**（Ernest Renan）は*The Apostles*〔『使徒』廣瀨哲士訳、東京堂書店、1926年〕[7]を発表し、その中で任意団体に一章を割いている（1866:278-89〔邦訳396-412頁〕）。彼の主要な関心は、様々なローマ皇帝によって課された団体に対する制限であった。ルナンは、キリスト信仰者の集団と任意団体のグループ間の直接的な関係を論じてはいないが、双方ともメンバーに対して同様の特典を提供しており、キリスト信仰者の

集団は政府当局（長官や知事）からは任意団体としての嫌疑をかけられていただろう、と論じている。

1876年に**ゲオルク・ハインリチ**（Georg Heinrici）は "Die Christengemeinden Korinths und die religiösen Genossenschaften der Griechen"〔「コリントのキリスト信仰者の共同体とギリシア人の宗教団体」〕において、コリント教会と任意団体を比較検討し、その後二十年にわたって同様の研究を公刊し続けた（1877、1881、1896）。数多くの要因から、初期キリスト信仰者の集団を理解する上で、任意団体はシナゴーグよりも優れたモデルであることをハインリチは確信した（Kloppenborg 1993a:215）。彼は、次の事柄を指摘している。すなわち、双方ともエクレーシアという名称を使用していること、キリスト信仰者のグループを描写するために任意団体からエクレーシア以外の用語も借用していること、両者に共通する宗教的性格、男女を含む開かれた会員資格、貧者への支援、共同体を描写するための「体」という比喩表現、会員に言及する際に家族に関わる用語を使用すること、である。これを根拠に、コリントの信仰共同体は任意団体のように自らを組織した、とハインリチは結論づけた（要約はSchmeller 1995:11-13を見よ）。

もう一人の重要な初期の研究者は、**エドウィン・ハッチ**（Edwin Hatch）であった（1881、特に26-39頁。そして1891:283-309）[8]。ハッチはギリシア語の大家であり、様々な全集を通して容易に入手可能となった大量のギリシア語碑文を十分に活用する力があった。初期キリスト教会の組織に備わっている要素はすべて、ギリシア・ローマの制度、特に任意団体に遡ることができると彼は論じた（Hatch 1881:208-9。参照：1881:36）[9]。ハッチは二度目のバンプトン・レクチャーで、キリスト信仰者の集団と任意団体の数多くの類似点を指摘している。すなわち、「両集団は集会を指す同じ名称をもっており、役職を指すいくつかの同じ名称も持っていた」、どちらの集団のメンバーも共通の信仰を告白し、「共通の基金に寄付し、あるいはそこから受け取った」、彼らは共同の食事をもち、入会は自由であり、自由市民だけでなく女性、よそから来た者、解放奴隷、奴隷を含んだ

（1881:30-31）。両集団の主要な違いは慈善に関するものであった。任意団体は、当然のこととして自分たちの会員に対して寛大であったが、キリスト信仰者の集団は貧困者の救援を計画的に進めていた（1881:35-36）。

　ほぼ十年後、ハッチは別の連続講義でこの考えを推し進めようとした。そこで彼は、任意団体とキリスト教は同じ目的を持っていたと指摘した。すなわち、「偽りのない神を礼拝すること、高潔な生活を過ごすこと、兄弟愛の精神を養成すること」（1891:292）である。そして同じ罰則もあった。すなわち、「将来の罰に対する恐れ」（1891:292注2。強調は原文のまま）である。さらにハッチは、キリスト教は他の集団からもメンバーを獲得していたので、使徒時代以降に生じたことであるが、「当時存在していたこのような集団〔つまり、任意団体〕の要素をいくつか」必然的にキリスト教に同化しただろう、と論じている（Hatch 1891:292-93）。

　1906年出版の*Studies in Roman History*〔『ローマ史における研究』〕の第10章で、**E. G. ハーディー**（E. G. Hardy）は、キリスト教は任意団体にかなり似ていたと論じている（1906:129-50）。キリスト信仰者の共同体は任意団体とそっくりなため、周辺からはそれらの団体の一つに数えられていた、と彼は主張する（1906:131、141）。任意団体を規制するアウグストゥスの勅令にもかかわらず、数多くの多様な団体が、ほとんど特別な許可を得ることなく帝国内に広がり続けていた。これら無認可の団体の中にキリスト教は上手くあてはまる。この10章の最初の部分の大半は、このような非公認の団体の法的な地位とそれに対する政府当局の対応に関する議論に費やされている。

　キリスト信仰者の団体は当局と時折衝突しながらも、生き残り発展することができただろうとハーディーは解説したあと、任意団体としてのキリスト信仰者の集団の性質を考察している。異教の団体との類似点として、集団を描写するために用いられる様々な表現が挙げられよう。しかし、キリスト教にはローマ当局の取調べの対象となり得る、若干の特徴があった。それは、継続した成長ぶりと日常的な共同の食事である。このために政

治的不穏な団体であるヘタエリア〔結社〕の嫌疑をかけられた（1906:142）。にもかかわらずハーディーにとって、古代の任意団体は初期キリスト信仰者の集団を理解する上で最善の類比であった。

The Legislation of the Greeks and Romans on Corporations（1910）〔『ギリシア人とローマ人の団体に関する法律』〕にある「不法な非公認のコレギア」についての議論の中で、**マックス・ラディン**（Max Radin）はキリスト教会に関して簡潔に論じている（1910:126-28）。ラディンは、キリスト信仰者の集団が任意団体と同一であったことを明らかにしている。事実彼は、「礼拝」は当時そのほかの集団形態では考えることができないものであった、と論じている（1910:127）。法的地位に関して、キリスト教は「特権を与えられたユダヤ人の集団」を含む、他の大多数の団体と同じように黙認されていた（1910:128）。地方の行政官は自らの裁量で、このような団体に関わっている個人を告訴するかどうか判断をくだした。

トーマス・ウィルソン（Thomas Wilson）は、*St. Paul and Paganism*（1927）〔『聖パウロと異教』〕の中で一つの章を"St. Paul and the Pagan Guilds"〔「聖パウロと異教の組合」〕というテーマに割いている（1927:120-35）。彼は、その名称に基づいて多様な団体に焦点を当てながら、それらについて簡潔で理解しやすい概要から考察を始めている。パウロの教会は異邦人改宗者の数が増加したため、教会の内部構造や共同生活のためには、シナゴーグではなく組合（guild）のモデルの方をより自然に好むようになった、とウィルソンは論じている（1927:124）。団体も教会も当局からは法的な認可を得ていなかった。しかし双方とも、抑圧のためにどんなことが企てられたとしても、それに打ち勝とうとした。数に関しては、両グループとも三十から二百人という比較的小さいものであった[10]。両グループで使用している用語は類似しており、特にエクレーシアと「長老」をあげることができる。双方とも特定の祭儀に結びついた宗教団体であり[11]、守護神と強い一体感を持っていた[12]。特に、神の神聖なドラマに対する関心は重要であった。キリスト教の場合、これはイエスの受難、死、復活、高挙であっ

第4章　任意団体

た。

　キリスト信仰者が家族であることや天上の市民というパウロの概念についても、任意団体にその類比を見出すことができる。また、両グループとも特別な共同の食事に参加するために、メンバーが所有している自宅に集った。この家は組合にとっては特別な家屋へ、そしてキリスト信仰者にとっては教会の建造物へと発展した。共同の食事とともに共有財産の精神が双方において謳われた。このことは、特に階級の差異や性別に対してメンバーが共有していた平等意識から生じたものである。事実、教会と任意団体には「言論の自由」の理解があり、それは他には見られないものだった。最後に、組合と教会は人々に対する道徳的責務と、労働義務と怠惰の忌避をたいへん強調した。ウィルソンは、組合はキリスト信仰共同体の性格に大いに影響を与え、ユダヤ教や旧約聖書と同様に、キリスト教の到来にとって絶好の備えの一つであった、と結論づけている。

　序論でふれたように、**E. A. ジャッジ**（E. A. Judge）は、ローマ帝国の多くの人にとって任意団体は魅力的な組織であった、と理解している。*The Social Pattern of Christian Groups in the First Century*（1960b）〔『1世紀におけるキリスト信仰者集団の社会的形態』〕において、ジャッジは任意団体を「非公認団体」あるいは「コイノーニア」という項目で扱っている。彼は、任意団体の特徴を簡単に概観したあと、1世紀にユダヤ人による任意団体とキリスト信仰者による任意団体が存在した、と提唱している[13]。そのような団体は、「非合法というよりは、組織として認可されていな」かった（1960b:43）、すなわち、公式に認定されていなかったのである。そしてジャッジは、キリスト信仰者の集団と任意団体の違いをいくつか指摘している。まず、キリスト信仰者は、ユダヤ人と違って祭儀のための民族的な中心地を欠いているが、ユダヤ人のように「国際的なつながり」をもっていた。しかしジャッジは、その国際的なつながりは、珍しいことであるが、「地域レベルでの任意団体との類似性を決定的に否定するものではない」と論じている（1960b:46）。二つ目に彼は、キリスト信仰者の団体は

他の団体に比べてずっと幅広い構成員（富者から奴隷まで）からなっている、と論じている[14]。

これらの相違にもかかわらず、ジャッジは一般の人がキリスト信仰者と他の非公認の団体とを区別して考えることはなかっただろう、と結論づけている（1960b:44）[15]。そしてキリスト信仰者自身、自分たちが通常の任意団体を形成していることに疑問を持つことはなかっただろう（1960b:45）。事実、使徒言行録の最初の数章に見られる初期エルサレム共同体の記述は、他の任意団体の諸活動の説明として容易に用いられることができるだろう。つまり、「入信、秘儀、平等な共同関係、儀式的な食事、祭儀、奇跡行為、互恵」である（1960b:47）。2世紀までには、党派主義という（1コリントに見られる）多くの問題にもかかわらず、キリスト信仰者の集団は、任意団体としてすでに理解されていた（プリニウス『書簡集』10.96を見よ〔『プリニウス書簡集』国原吉之助訳、講談社学術文庫、1999年、421-25頁〕）。

ジャッジは著書の後半で、キリスト信仰者の集団の社会的地盤を考察し、キリスト信仰者の集団が上流階級の人々から構成されなかったことは真実であり、このことは他の地域の祭儀団体にも当てはまる、と指摘している（1960b:52）。一般に、ほとんどの人々はキリスト信仰者であってもなくても、ローマの上流階級のメンバーに出会うことはなかった（1960b:54）。しかしキリスト信仰者の集団内には、地元のグループ内で、あるいは他の地域からのグループの間で見受けられる、様々な社会層からの多様な人々が存在した。特に世帯全体〔家長から雇い人も含めて〕を取り込んでいる限り、キリスト信仰者の集団は幅広い社会層の人々を召し抱えたが、その中でも社会的地位が比較的高い人々によって支配された（1960b:60-61）。

1970年代初めに**ロバート・ウィルケン**（Robert Wilken）は、"Christianity, Philosophical Schools, and Collegia"（1971）〔「キリスト教、哲学学派、コレギア」〕という論文を発表し、キリスト教がギリシア・ローマ世界の人々にどのように映っていたのかを考察している。これに続いて1984年、彼

第4章　任意団体

は同じ主題について一冊の本を出し、その中で考察を行った。ウィルケンの論文の主な目的は、キリスト教の運動を観察した部外者が、どのような概念を利用できたのかを考察することであった[16]。初期キリスト教に類比したものとして二つの社会的な運動、すなわち、葬儀協会と哲学学派が扱われている（後者に関するウィルケンの立場については、本書第2章を参照）。

　古代における任意団体の特徴を簡潔に説明したあと、ウィルケンはプリニウスの書簡を考察し、キリスト信仰者がビティニア地域の他の任意団体とよく似た存在と理解されていたことを示している（プリニウス『書簡』10.96〔邦訳421-25頁〕）。その少し後にケルソスは、キリスト信仰者が不法に存在していると告発している。というのは、キリスト信仰者は内密に集会をもったからであるが、秘密結社は非合法であった（オリゲネス『ケルソス駁論』1.1〔『キリスト教教父著作集8』出村みや子訳、教文館、1987年、9頁〕、8.17、47）。キリスト教をそのように理解する他の手がかりは、アレクサンデル・セウェルス帝の著作に見出される（『ローマ皇帝群像』「アレクサンデル・セウェルスの生涯」49〔『ローマ皇帝群像3』桑山由文・井上文則訳、京都大学学術出版会、2009年、80-82頁〕）。彼は料理人の団体とキリスト信仰者の団体の間に生じた、集会場所に関する口論を記述している。テルトゥリアヌスは、極めて重要な証拠を提供している（『護教論』38-39〔『キリスト教教父著作集14』鈴木一郎訳、教文館、1987年、89-94頁〕）。テルトゥリアヌスは、キリスト教は合法的な団体に数えられるべきであると論じている。なぜならキリスト信仰者たちは政治結社ではなく、町や都市に見出される多くの団体と同様、害のない集団であるからだ。テルトゥリアヌスの記述は、キリスト教会にしばしば使用される神学的な用語ではなく、この世の団体を表現する用語に満ちている（Wilken 1971:283）。

　古代において、任意団体としてキリスト教が描写されたにもかかわらず、ウィルケンは重要な相違をひとつ発見している。任意団体は地域の集団以外の何者でもなかったが、キリスト教は「『世界規模の』宗派であり、その信奉者は地中海世界の至るところで生活し、共通の宗教的職務

と生活様式を共有していた」(Wilken 1971:287)。このことは、任意団体よりは哲学学派に似ている。任意団体は「『国際的』ではなかった」、つまり、「地中海世界を横断して拡張する組織の中で結束する集団」ではなかった(Wilken 1984:35〔邦訳69頁〕)。ウィルケンにとって、キリスト教は究極的には、地域の境界を越えていく点でストア派あるいはエピクロス派のようであった。しかしながら彼は、地域レベルでキリスト教は「他の団体と同じ諸活動に従事していた」ことを認めている（Wilken 1971:287)。哲学学派は任意団体と同じではないが、しばしばこの二つのグループ間にいくつかの共有する特徴が見出される。すなわち、用語、集会の形式、生活上の取り決めである。こういうわけでウィルケンは、キリスト教は「哲学学派」と「任意団体」が組み合わさったものを表していると結論づけている (Wilken 1971:280、287) [17]。

"Patrons and Officers in Club and Church" (1977)〔「クラブと教会におけるパトロンと役職者」〕で、**L. ウィリアム・カントリマン** (L. William Countryman) は、古代の市民が初期キリスト信仰者の集団を理解する上で参照できる類似物には、シナゴーグ、ミトラ的集団、哲学学派があったが、特に初期ローマ帝国における最適の類似物は任意団体であった、と端的に述べている。これは別に新しい考えでないことを認めつつ、カントリマンは任意団体を「キリスト教会の内的生活を調査する道具」として用いることで、双方の類比をさらに深めようとしている (1977:135)。任意団体を手短に説明したあと、カントリマンはキリスト教会が「典型的な」ギリシア・ローマの任意団体ではなく、いくつかの相違が存在した点に特に言及している。しかしながら、制限はあるが任意の会員資格、英雄化された人物の崇拝、共同の食事、貧困者を支える裕福な会員への依存[18]、という教会の諸相はキリスト信仰者の集団が本質的に任意団体であることを部外者に示しただろう (1977:136-37)。

任意団体と教会の相違は多数の領域に及ぶ。裕福な者は貧困者を助けることを求められたが、彼らはそうすることで、任意団体で賞賛された

ようには名誉は与えられなかった。任意団体のパトロンや恩恵者に栄誉を与える多くの碑文とは対照的に、パトロンを称えるキリスト信仰者の碑文はほとんど存在しない。カントリマンは、各団体は「徹底して地域の団体」であるために、団体のパトロンを上回る強力な外部の権威を持たず[19]、「その都市の社会秩序にしっかりと組み込まれて」いた、と述べている（1977:138）。一方、キリスト信仰者の集団は地域を越えた強力なつながりを持っており、文字通り、または理論的に、地域の集会の外側に高位の権威をもっていた（すなわち、創始者としての、あるいは「神」としてのイエスとのつながり）[20]。このように、任意団体と同じく教会の財政援助は裕福なメンバーによるが、任意団体と違い、権威を持つのは聖職者たちであり、それがパトロンと同一であるとは限らない[21]。研究の結果カントリマンは、「初期キリスト教会はクラブであり、同時にクラブ以外の何がしかである」と結論づけている（1977:140）。教会の任意団体的な特徴は、会員になった古代人が、教会と任意団体とを社会的な類比において捉えることを可能にした。また、任意団体的でない特徴は、教会をそれ独自の方向に発展させ、最終的に任意団体とは似ていないそれ自身の特徴を形成させた。

　もう一度私たちは、多くの影響を及ぼした**ウェイン A. ミークス**（Wayne A. Meeks）の*The First Urban Christians*（1983）〔『古代都市のキリスト教――パウロ伝道圏の社会学的研究』加山久夫監訳、ヨルダン社〕に立ち戻ることにする。ミークスは、任意団体とキリスト教会の数多くの類似点を指摘している。まず、双方とも一人一人が顔をつき合わせて密接に交流できる小さな集団であった。二つ目に、民族的関係、階級、仕事場、職業がときおり作用することもあったが、会員資格は出生によってではなく、仲間になるという自由意志によって確立された。三つ目に、双方とも儀礼や祭儀的活動、共同の食事、「友愛的」活動を大切にした。四つ目に、埋葬規定や任意団体に属していて逝去したメンバーの追悼式があり、テサロニケの信徒への手紙一4章13節〜5章11節、あるいはコリントの信徒への手紙一15章29節に言及されているように、任意団体も教会も死者の埋葬に関心をもって

いた。五つ目に、双方とも裕福なパトロンの恩恵に依存していた。最後に、組織、選挙、意思決定に関して古代のポリス〔都市国家〕を手本にしながら、双方は民主的な内部自治を装っていたようだ。ただ、キリスト信仰者の集団ではカリスマ的な霊の作用によって、それは複雑になっていたけれども。

　ミークスは、任意団体とキリスト信仰者の集会との間にある数多くの違いにも言及している。まず、キリスト信仰者の集団は、専門家団体や他の宗教団体には見られない仕方で、排他的であり全体主義的であった。「キリストへの洗礼」は、キリスト信仰者の集団がメンバーにとって最も重要なグループであり、最大の忠誠を要求することを意味した（ユダヤ教と比較せよ）。キリスト信仰者の集団は分割されなかった。彼らは、包括的な意味での「救い」に関心をもっていた。一方、任意団体はおもに友愛や懇親（ご馳走や飲酒）に、そして特定の祭儀的機能に関心をもっていた。第二に、キリスト信仰者の集団は、社会階層の点で任意団体に比べてより包括的であった。ミークスは、任意団体は全般に社会的に同質の人たちが群がる傾向があるが、キリスト信仰者の集団は様々な社会的範疇の者たちが集まり、その中での平等を可能とした、と論じている。三つ目には、任意団体とキリスト信仰者の集団には共通した用語は全く存在しなかった。四つ目には、任意団体は、キリスト信仰者の運動を特徴づける「地域を越えたつながり」はなかった。各々の任意団体は、自己充足的で地域限定の現象であった[22]。別の研究でミークスは、任意団体は道徳規範に関してメンバーを指導することに関心はなかったが、キリスト信仰者の集団はメンバーの素行に関心をもっていた、と論じている（1986:114）。結局のところ、これらの相違点はミークスにとってあまりにも大き過ぎたために、彼はシナゴーグにキリスト信仰者の集団の最適の類比を見出しているようである（Meeks 1983:80〔邦訳217頁〕。本書第1章を見よ）。

　ジョン・ハード（John Hurd）への1993年の献呈論文集に収められた"The Agrippinilla Inscription: Religious Associations and Early Church

Formation"〔「アグリッピニラ碑文──宗教団体と初期キリスト教会の形成」〕の中で、**ブラッドリー H. マックレーン**（Bradley H. McLean）は、ローマの任意団体に由来する後2世紀半ばの碑文が、初期キリスト教の概要を示すものとして、とりわけ、組織的モデル、内部構造、会員資格、新人募集において、大いに有益であることを見出している。四百人以上のメンバーを擁するこの大きな団体は、様々な初期キリスト信仰者の集団がそうであったように、実は一つの家に基づいていた。その団体は、ミティレーネ地方からローマン・カンパーニャに・一・団・と・な・っ・て・移動し、そこで家長と妻（ガリカヌスとアグリッピニラ）に接触した人たちの中から、多くの新しい支持者を獲得したようである。同じようにキリスト教は、ローマ帝国の至るところに移動可能であった。初期キリスト教会のように、この団体は男と女、奴隷、解放奴隷、主人という混合メンバーであった。役職の呼び名は豊富であったが、キリスト教会でも見られた実験的な用法を反映しており、ディオニュソスのために作られた他の団体とはその使用法はかなり異なっていた。

　同じ献呈論文集に、**ジョン S. クロッペンボルグ**（John S. Kloppenborg）は、"Edwin Hatch, Churches and Collegia"（1993a）〔「エドウィン・ハッチ、教会、コレギア」〕という任意団体に関する論文を献呈し、研究者の間で任意団体がキリスト信仰者の集団の類比として考察されてきた初期の研究の展開を素描している。彼の特別な関心はエドウィン・ハッチにあり、ハッチの研究は「時おり悪口をたたかれ、ほとんど無視された」とクロッペンボルグは見なしている（1993a:212）。クロッペンボルグはハッチに対する批判の歴史をたどり、その批判はハッチが提供したデータの評価に対してというよりは、研究者たちの神学的な判断に基づいたものであった、と提言している。特にクロッペンボルグは、多くの研究者はキリスト教会がその構造を異教に負っていたという提案を容認することができなかった、と論じている。研究者の多くは、部外者にとって教会が任意団体のように映ったという点を認めたが、教会が任意団体によって影響を受けたという

意見に同意する人はほとんどいなかった。その代わりに、研究者はユダヤ教に目を向けて、パウロの思想や教会の構造に対する影響を考察した。このことは護教論的含みを持っており、古代の歴史的証拠に基づいたものではない、ということをクロッペンボルグは明確にしている。すなわち、「キリスト教の組織はコレギアのように見え̇ただ̇け̇でなく、彼ら自身がそのようなものとして考えていた可能性が高い」（1993a:228。強調は彼によるもの）。

　クロッペンボルグはまた、次のことを指摘している。ハッチが主張していることをハッチの批判者がどのように考えようとも、ハッチは、キリスト信仰者の集団に対する任意団体の影響（すなわち、系譜的な関連があったということ）を主張していたわけではなく、たんに類比的な関連が存在していることを論じたに過ぎない。つまり、類比的な関連において、一つの集団を理解することはもう一つの集団を理解する手助けとなる、ということを提示したのである。特に、キリスト教会がローマ社会においてどのような状況にあったのか、彼らは宗教的、社会的恩恵をメンバーにどのように提供したのか、そして集団のメンバーはお互いに、また部外者と個人的に、また組織レベルでどのように関係を持っていたのか、という諸事情を理解する上でその類比は手助けとなる、とクロッペンボルグは論じている。

　クロッペンボルグはまた、任意団体を真剣に考察している何人かの研究者について論じており（1993a:220-24）、特にウェイン・ミークス（1983）に批判的である。クロッペンボルグは、ミークスが任意団体とキリスト信仰者の集団との四つの相違を論じる際（上述参照）、証拠を誤読している、と述べている。そして、ミークスが挙げる相違の内、最初の三つをクロッペンボルクは実際に批判している（1993a:231-37）。任意団体を示すための専門的な名称に関して、パウロの教会が置かれている都市という文脈では、エクレーシアは任意団体を示すと理解されただろう、とクロッペンボルグは論じている。教会内の役職の名称は、任意団体のそれと同様に多様であり、両者間に統一性を見出すことは期待されるべきではない。クロッペン

第4章　任意団体

　ボルグは、パウロの教会の「包括性」が任意団体の排他性と同程度に誇張されてきたと論じているが、双方の「集団」における会員資格はある程度まで包括的であったのだ。

　ミークスが言及した四つ目の「相違」、すなわち任意団体の地域的な性質とキリスト教の「世界的な」性質という違いは、クロッペンボルグによって直接には言及されていない（しかしKloppenborg 1996a:27-28、注19を見よ）。しかし筆者は、ある論文でこの問題に言及した（Ascough 1997）。その中で、任意団体と初期キリスト教の集まりは、主として地域に基盤があり、地域を越えたつながりは限られていた、そして、この点における「相違」が誇張されてきた、と主張した。

　最後にクロッペンボルグは、「パウロの教会が有する内的ダイナミズムと注目に値する成果」を理解するためには、任意団体を類比的存在として考察する必要性があることを強く主張している。そして彼は、そうすることで「初期キリスト教会の組織を理解するための新しくて生産的なアプローチ」が導かれるだろう、と期待している（1993a:238）。同年に発表した論文で、クロッペンボルグはまさにそれを行おうとしており（1993b）、おもに貧しい、異邦人の手職人からなる任意団体に似たやり方で組織された教会という観点から、テサロニケの信徒への手紙一4章9〜12節を考察している（特に、1993b:274-77）。

　最近発表された論文で、クロッペンボルグはこの類比をさらに検討している。"Egalitarianism in the Myth and Rhetoric of Pauline Churches"（1996b）〔「神話における平等主義とパウロ教会のレトリック」〕において、彼は、「帝国東部の都市のキリスト信仰者は」ヘレニズムの任意団体「という模範に基づいて自覚ないままに自らを組織しただろうことは理論上（アプリオリ）あり得る」、そして、このように「これら任意団体に作用している社会的な力学もパウロのグループを特徴づけただろう」、という想定から始めている（1996b:253。参照：1996a:23）。クロッペンボルグはコリントの信徒への手紙一6章1〜11節を扱い、〔メンバーの〕誰かを裁判所に連

134

れて行くことに反対するパウロの言葉が、コリント教会に生じた、そして任意団体でしょっちゅう生じた問題をいかに明るみに出しているかを示している。

コリントの信徒への手紙一6章に描写されている類の法的手段は、双方が富裕層の出自であることを前提としている。民事訴訟は、社会的な地位を示す手段として富裕層によって裁判に持ち込まれた。「裁判は社会支配の道具として」公開の討論の場で「社会的に優位な地位が示され、維持される一つの方法であった」(1996b:255-56)。コリントの信徒への手紙一6章のパウロの批判は、コリント教会の富裕層たちが競って社会的名誉を誇示することに抑制をかけようという目的がある。多くの任意団体の規則が示すのは次のことである。すなわち、共同体でしばしば敵対的な衝突が起きるため、会合中やそれ以外の場でメンバーの社会的な名誉を攻撃し裁判に訴える者に対して制限を課すことが必要となったのである。こういうわけで私たちは、メンバー同士の内部衝突や問題処理の規則において、コリントのキリスト信仰者と任意団体との間に顕著な類似点を見る[23]。

クロッペンボルグにとって、キリスト信仰者の集団と任意団体のおもな違いは、善行によって名誉を得ようとする競争の領域にある。団体の規則においては、慈善行為が強く勧められ、最も気前の良い者に最大の名誉が約束されていた。このような競争は、パウロの教会では奨励されなかったようである。その代わりに、家族の比喩を通して（例えば、アデルフォス「兄弟姉妹」）、擬似家族がグループ内で創造された。この比喩はグループ内に平等意識を導入しようと少なくとも試みるものであった[24]。

次に、他の二つの研究について手短に言及する必要がある。**キャロライン F. ウィーラン**（Caroline F. Whelan）（1993）は、女性が任意団体の活動的なメンバーであっただけでなく、しばしば団体のパトロンとして役割を果たしていたことを示している。ローマの信徒への手紙16章1〜2節でパウロがフェベをディアコノスかつプロスタティスとして言及しているが、これは彼女が「単に」「女性奉仕者」であり、「お手伝い」であり、グルー

プ内の男性指導者より劣る地位であったとしばしば誤解されてきた。だがこれらの単語は、「執事」と「パトロン（庇護者）」という明白な意味をそれぞれ持っているのである。さらに、女性は任意団体でそのような機能をふだんから持っていたので、フェベはパウロとケンクレアイの教会にとってだけでなく、その他多くの人たちにとってもそのような役割を果たしていただろう。

私自身は、コリントの信徒への手紙二8章1〜15節と任意団体の碑文に現れる動詞エピテレオー（「完成する」「成就する」）の使用法に特に注目する研究を行った（Ascough 1996）。任意団体の碑文でその単語は、聖なる儀式の執行、神に捧げた誓いの成就、そして多様な恩恵を示すために使用されている。パウロは、エピテレオーを使用して、コリントの信者にエルサレム教会のための献金を促しているが、それはコリントの信者の宗教的義務感に訴えているのである。

最近出版された、*Hierarchie und Egalität: Eine sozialgeschichtliche Untersuchung paulinischer Gemeinden und griechisch-römischer Vereine*（1995）〔『ヒエラルキーと平等——パウロの教会とギリシア・ローマ世界の任意団体についての社会的・歴史的考察』〕は、任意団体とパウロ的キリスト教を扱う最初の学術論文である。その中で**トーマス・シュメラー**（Thomas Schmeller）は、コリントの社会的関係とパトロン関係を任意団体内の社会的実践の観点から検討している。彼の目的は、コリント教会に反映された形態が、任意団体に見出される社会的関係と相容れないのか、あるいは互換性があるのかを判断することである（1995:9-10）[25]。

シュメラーは、キリスト教と任意団体を比較した研究を概観することから始めている。議論を二つの部分に分け、最初に20世紀への変わり目前後の研究を（おもにハインリチやハッチ［上述］。そして彼らの二人の反対者、C. ホルステンとJ. ヴァイス）、次に1970年以降の研究を扱っている（Meeks 1983:77-80〔邦訳212-26頁〕の簡潔な注釈を利用しながら）。

第二部は、ギリシア・ローマ世界における階級、地位、パトロン・クラ

イエント（庇護者・被庇護者）を概論することで始める（1995:19-24）。この後、シュメラーは任意団体についてのより十全な議論を始め、その議論において、典型的な会員の社会的位置（下層の階級と地位）と、非会員のパトロンに社会的な保護や饗宴の飲食物、集会の建物を依拠していることを明確に強調している。

任意団体についての情報源を略述しているところで、シュメラーはおもに四つのテキストに焦点を当てている。すなわち、SIG^3 985, 1109, ILS II/2 7212, 7213である[26]。これらの碑文が、どのようにローマ帝国の任意団体を一般的に表しているかを魅力、法的地位、目的、機能の観点から説明したあと（1995:27-32）、シュメラーは、団体の基礎的な構造をパトロン、役職、会員資格の点で解説していく（1995:33-53）。彼は、任意団体は位階的かつ平等主義的性格を持ち得たと結論づけている。すなわち、パトロンと役職の特権的地位は位階的であり、団体の一般の会員資格は平等主義的である。このような混在は、支配的な文化環境の（位階的）社会構造を反映しているだけでなく、そこから逃れる道（平等主義）も提供している。

コリントの信徒への手紙一で表現されているパウロの共同体理解と現実の社会状況との相違を注意深く認識しながら（1995:54。参照：Kloppenborg 1996b:260）、シュメラーは著書の第三部でコリント教会の分析に取りかかる。そこで彼は、パトロン関係、教会職務、個々人のメンバーの地位を検討し、似かよった一連の社会的諸関係がそこで作用していることを見出している。任意団体のように、コリントの教会は裕福な者をパトロンとしてその者から支援を受け、このようなパトロンには共同体の食事でより多くの食物が与えられた。任意団体との違いは、パトロンのための用語体系[27]、パトロンが団体に参加していること[28]、支援に対して支払われる報酬にあるとされる（1995:73-74）[29]。

コリントの信仰共同体には、任意団体とは違い、パトロンと一般の会員との間に明らかな役職上の違いは存在しなかった。また確かに、機能や名称の統一もなかった。明示的な区別はなく、その代わりに会員の働きにつ

いて一般的な説明が多くある（1コリ11～14章、特に12・27～31。1995:78）。会員の地位に関してシュメラーは、キリスト信仰者の理想的な平等社会[30]がコリント教会の二つの衝突によって脅かされていた、と論じている。つまり、上流階級に属するメンバー間の訴訟（1コリ6章）と少数派の上流階級と多数派の下層階級のメンバーとの「強い・弱い」論争（1コリ8～10章）である。「キリストのからだ」における全体的な平等という理想は、任意団体において経験される平等主義をはるかに超えていた（1995:92-93）。

　シュメラーの研究は、任意団体という背景と照らし合わせてコリントの信徒への手紙一を読解することで、コリント教会内の社会的諸関係を明らかにできる、ということを示している。特にそれは、両グループが位階制と平等主義という特徴を持っていたことを示している。そこでは、裕福な者がパトロンとして行動し、結果としてたいへんな特権を受け取った。しかしながらコリント教会は、パトロンの扱い、役職の欠如、メンバー間の完全な平等という理想（たとえ実践されなかったとしても）という点で任意団体とは異なることが結果的に明らかとなった。

　シュメラーの研究は、ギリシア・ローマ世界の任意団体の特徴を要約し、また具体的なパウロの教会を研究するためにそれらの特徴を活用しており、有益な手引書である[31]。ただし、いくつかの遺漏によってその価値が損なわれていることは惜しまれる。まず、四つの碑文に焦点を絞ったシュメラーの判断である。これらの碑文は、任意団体と初期キリスト教の議論において最も頻繁に引用されているものだからということで選択されている。これらの碑文が多くのことを私たちに教えてくれることは事実であるが、碑文のデータベースは巨大で、それは文字通り何千という単位で利用可能である（Kloppenborg 1996a:23）。残念なことに、多くのものが翻訳されておらず、そのためシュメラーの場合もそうであるが十分な碑文資料が参考にされていない。広い範囲のデータベースを利用すれば、シュメラーの議論はもっとニュアンスを含んだものになっただろう[32]。二つ目には、シュメラーは1995年までの最新の二次文献を参照しているが、三つの重要な

論文を見逃している。それらは一巻本の形で発行されたもので、すなわち、Cotter 1993、McLean 1993、Kloppenborg 1993aである。これらの論文はシュメラーの論述に数多くの点で、特にミークスが提示した任意団体とキリスト信仰者の集団との四つの相違をシュメラーが無批判に受け入れている点に影響を与えただろう。そのうちの三つをクロッペンボルグは実際に扱っている（上述を参照）[33]。とは言え、シュメラーの研究は、任意団体と初期キリスト教のグループに関する、より広範囲で徹底した探究の始まりとなることが期待される。

シュメラーは多くの点で**ハンス＝ヨセフ・クラウク**（Hans-Josef Klauck）の研究を基にしている。クラウクは重要なドイツの研究者であり、初期キリスト教を理解するための比較対照グループとして任意団体を用いている。クラウクはキリスト信仰者の家の教会を理解するための背景として（1981a:11、1981b:86-87、1992:32-34を見よ）、また、主の晩餐を理解するための背景として（1982、特に68-71を見よ）、任意団体をしばしば説明している。

結論（Conclusion）

これをもって初期キリスト教のモデルとしての任意団体についての考察を終え、そして共同体形成の諸モデル全般についての私たちの考察も終わりとなる。研究の概観を通して、他のモデルと同様、任意団体というモデルは初期のパウロの教会形成を理解するための類比として有益であることが示された。しかしながら、幾人かの研究者が指摘するようにそれは決して完璧な類比ではない。いくつかの具体的な反論を提出する研究者もいるが、すべての研究者がその反論を説得的であると見なすわけではないだろう。

にもかかわらず、任意団体というモデルについて最終判断を下すことは、他のモデルに比べるとなおさら、時機尚早であろう。なぜなら資料の多く

がまだよく知られておらず、簡単に入手することができない状態であるからだ。加えて主要な資料である碑文の多くがまだ訳されていない。任意団体についての言及はほとんどが、古い、しばしば時代遅れの研究に依拠している。ロバート・ウィルケン（Robert Wilken）が考察しているように、それらの言及は「際限がなく、同じことの繰り返しであり、法制史の問題にしばしば特化している」（1971:290、注35）。あまりにも頻繁に、同一の数少ない碑文が議論に際して証拠として提示されているのである。

　トロント神学校の目下の研究プロジェクトとして二巻本の研究書が計画されており、近い将来この状況を改善することを願っている。その研究書の仮題は *Cultic Groups, Guilds, and Collegia: Associations in the Greco-Roman World*〔『祭儀的集団、組合、コレギア──ギリシア・ローマ世界における任意団体』〕（ジョン S. クロッペンボルグ、ブラッドリー H. マックレーン編）である。二巻目は特に有益であろう。そこにはギリシア・ローマ世界の任意団体からの数多くのテキストと英訳が参考文献表とともに含まれている。一次資料に簡易にアクセスできることで、初期キリスト教を理解するためのモデルとして任意団体を活用する議論がより豊かなものになろう。

　〔本書刊行ののちに以下の研究書が刊行された。

Greco-Roman Associations: Texts, Translations, and Commentary.

 Vol. 1. *Attica, Central Greece, Macedonia, Thrace,* John S. Kloppenborg and Richard S. Ascough. BZNW 181. Berlin and New York: Walter de Gruyter, 2011.

 Vol. 2. *North Coast of the Black Sea, Asia Minor,* Philip A. Harland. BZNW 204. Berlin and New York: Walter de Gruyter, 2014.

Associations in the Greco-Roman World: A Sourcebook, Richard S. Ascough, Philip A. Harland, and John S. Kloppenborg. Waco, TX: Baylor University Press, 2012.〕

第 4 章　任意団体

注

1. より詳細な概説についてはKloppenborg 1996aあるいはSchmeller 1995:19-53を見よ。

2. エジプトの場合、任意団体についてのパピルス証言がある。これは碑文記録において提示されていることを裏付ける。つまり、任意団体は記録や伝達のために他の手段も使用しただろうということである。残念ながらそのような手段は時間による劣化に耐えることはなかった。

3. 古代のパトロン・システム一般についてはGarnsey and Saller 1987:148-59を見よ。任意団体のものを含めてパトロン・システムの慣習について証言している碑文の翻訳を多数収集した、Danker 1982を見よ。

4. 女性のパトロンについてはWhelan 1993:76-77、Kloppenborg 1996a:25を見よ。Meeks 1980:117も参照のこと。

5. このセクションは、私が執筆した "Formation and Propagation of Associations"(「任意団体の形成と普及活動」）の要約である。これは現在準備中の二巻本 *Cultic Groups, Guilds, and Collegia: Associations in the Greco-Roman World* 〔仮題『祭儀的集団、組合、コレギア——ギリシア・ローマ世界における任意団体』〕（ジョン S. クロッペンボルグ、ブラッドリー H. マックレーン編）に所収されている〔同書については、本書140頁の訳注を参照〕。

6. Wilken 1971:291、注50を見よ。Liebenam 1890:272、注4も見よ。

7. *Les apôtres* (Histoire des origines du christianisme 2; Paris: Michel Levy, 1866)の英訳。

8. ハッチの立場はJosaitis 1971:35-40に要約されている。ルナン、ハインリチ、ハッチはすべて激しい批判を受けた。Kloppenborg 1993:217-20、Schmeller 1995:14-16を見よ。

9. ハルナック（Harnack 1887）を参照。ハルナックはハッチに強く影響を受けており、教会の役職は非ユダヤ的組織から生じた、とハッチと同様のことを論じている。Kloppenborg 1993:217を見よ。

10. ウィルソンは、双方とも「今日の大都市の教会に比べればごくわずかの会衆しか抱えていなかった」と提言している（Wilson 1927:125）。

11. ウィルソンは、すべての組合は宗教的であったと正しく説明している（1927:126）。

12. しかしキリスト教において、それは聖霊を通しての親密なつながりであった。

13. 多くの研究者は、シナゴーグと任意団体を好んで比較してきた。すなわち、Juster 1914:409-13、Smallwood 1981:120-43、Richardson 1996。Meeks 1983:32〔邦訳77頁〕も参照。バートチェルは（Burtchaell 1992:265-67）、任意団体はシナゴーグのモデルと容易に見なされ得ることを認めているが、双方の相違ゆえにその考えを退けている。皮肉なことにシナゴーグと任意団体との相違は、シナゴーグとキリスト教会との相違より大きくはない。しかしバートチェルは、キリスト教会の中にシナゴーグとの直接的・系譜的つながりを見出している。他の研究者は、クムランの共同体と任意団体との類比を描写しようと試みている。特にWeinfeld 1986とDombrowski 1966を見よ。Marcus 1952も参照。Ramish 1996もその比較をしているが、クムランの共同体と任意団体は類似していないと結論づけている。

14. 実のところ、これらの相違は両方とも、のちの研究者によって疑問視された。バートンとホースレイは（Barton and Horsley 1981）、少なくともある集団の社会的基盤がキリスト信仰者の団体のそれと似ていることを示している。アスコーは（Ascough 1997）、キリスト信仰者の団体も非キリスト信仰者の団体もともに、地域を越えたつながりは限定的であり、地域に根付いた集団であった、と論じている。

15. しかし同年に出版された研究書（1960a）やその後の著作で、ジャッジは哲学学派が初期キリスト教の集団にとって最適の類比であると考える方向に傾いている。本書第2章を参照。

16. 彼は、キリスト信仰者の自己理解は外部の者のそれとは異なるかもしれないと論じている（1971:269）。彼はおもに外部の者の見方に関心をもっている。*The Christians as the Romans Saw Them* (1984:31-47)〔邦訳63-86頁〕の第2章は1971年の論文の「コレギア」に関するセクションと同じデータを含んでいる。

17. バートンとホースレイも（Barton and Horsley 1981:40）、キリスト信仰者のグループは哲学学派と宗教的団体との組み合わせであったと結論づけて、ウィルケンの見解を支持している。ごく最近メイスンは（Mason 1996）、哲学学派と任意団体との比較をしている（参照：Klauck 1982:70-71）。

18. カントリマンは、教会はほとんどが貧困層から形成されたわけではなく、元老院階級ではないが裕福な層に属する多くの人たちを含んでいた、と論じている（Countryman 1977:137）。

19. 彼はこの特徴の例外として、ディオニュソス宗団の組合を引用している（1977:

136)。

20. カントリマンは、教会が最終的に地域の指導形態に順応し、単独監督制へと歩みを進めたことをはっきり認めている（1977:138）。

21. このことは無論、カントリマンが詳述しているように、教会固有の一連の問題を引き起こした。そのため彼は、「富についての倫理的、慈善的教示の形成は、教会内のクラブ的形態と非クラブ的形態との間で生じた緊張に対する直接的な反応であった」、と結論づけている（1977:140）。

22. スタムバウとバルチは（Stambaugh and Balch 1986:141）、キリスト信仰者の集団は任意団体と同等に見なされることが可能であったし、実際見なされただろうと認識している。双方は多くのことを共有していた。しかしスタムバウとバルチは、地域を超えたつながりについて違いがあったことを強調している。つまり、「キリスト信仰者の集団は、異教のコレギアよりもずっと強く、同じ目的を持った信仰者による世界規模の社会とのダイナミックなつながりを意識していた」。

23. 1コリント6・1〜8を独自に研究したシュメラーは（Schmeller 1995:86-87）、主張を支持するデータは乏しいが同様の結論に至っている。実際にはシュメラーは、ディアスポラ・ユダヤ教の集団や密儀宗教、任意団体における、内部調停に関する規則をより一般的な形で指摘している（1995:87）。

24. クロッペンボルグは（Kloppenborg 1996b:260）、パウロのレトリックは衝突と地位の誇示を弱めることを目的としているが、しかし、どの程度彼が成功したのか不明である、と慎重に指摘している。すなわち、私たちはパウロのグループが「平等主義」であったかどうか分からないのである。

25. ギリシア・ローマの団体における人間関係は、垂直的、位階的、地位意識的なものであったと一般的には特徴づけられるが、パウロ共同体におけるそれは、水平的、平等主義的、奉仕志向的であったと通常言われている。

26. これらのテキストはSchmeller 1995:26によって説明されている。原文とドイツ語訳は補遺に提供されている（1995:96-115）。英語訳はBarton and Horsley 1981:9-10のSIG^3 985、MacMullen and Lane 1992:66-69 no. 5.3のILS II/2 7212 (=CIL XIV 2112)、Gordon 1983:148-49 no. 66のILS II/2 7213 (=CIL VI 10234)、MacMullen and Lane 1992:69-72 no. 5.4のSIG^3 1109 (=IG II^2 1368)。

27. シュメラーは、パウロはローマ16・1〜2でフェベが「パトロン」であると示唆してはいない、と強く主張しているが説得力はない。フェベへの言及の仕方は、団体のパトロンが通常言及されるそれである、という議論についてWhelan 1993（特に、75-77）を見よ。不思議なことにシュメラーはWhelanの研究を取り入れ

ていない。

28. これは、パトロンがパトロンとなった団体に参加しないという彼の誤った想定に基づいている。

29. シュメラーは、分派・分裂（1コリ1～4章）、個人の性的な罪（1コリ5章）、主の晩餐（1コリ11章）についてのパウロの議論を検討した上でこれらの結論に至っている。

30. これはガラテヤ3・28に基づいている。シュメラーはそれをパウロの宣教にとっての枠組みと考えている。

31. しかしながら、シュメラーは地域的な特殊性を真剣に受け取ろうとしていると主張するけれども、実際にはコリントをすべてのパウロ教会のための枠組みにしている（例えば、1995:82を見よ）。

32. 彼の名誉のために言っておくと、シュメラーは（1995:26）任意団体に関する碑文の量と多様性を認識している。また、特定の碑文を利用するのは、コリント教会の社会的関係をより良く理解するための手段として任意団体を利用するという大きな目的に速やかに進むためである、と説明している。彼は、いくつかの他の碑文にも必要なところで言及している。しかし、シュメラーのもう一つの驚くべき見落としは、コリントの任意団体についての証言に言及していないことである。そのような証言は乏しいけれども、現存している（Ascough 1996:584, n.3を見よ）。

33. さらに重要なことは、シュメラーの結論は、Kloppenborg 1996bによって提示された、より広い視野に立った方法論的考察に照らして読まれるべきであるということである。

結論

(Conclusion)

結論

　わたしたちは、パウロの教会形成のためのモデルに関する考察の結論の章にたどり着いた。シナゴーグ、哲学学派、古代密儀宗教、任意団体という四つのモデルを吟味した結果、パウロの教会のすべての側面を説明するには、どのモデルもそれ自体では十分ではないことが明らかとなった。まず、どのグループも新しい支持者を惹きつけ数を増やしていったが、世界宣教の強い傾向はキリスト教独自のものであったようだ。共同体が一度形成されると、これらのモデルはいくつかの共同体の側面を説明する上で手助けとなる。しかしながら、パウロが手紙を宛てた教会がすべて、提案されたモデルのどれかに合致するということはない。どれかに合致させようとする試みは、紀元後1世紀半ばの現実の状況をではなく、過去を体系化しようとする現代人の思いの方を反映しているようだ。

　しかしながら私たちのこの考察が、パウロのキリスト信仰者集団と1世紀の他の集団を可能な限り比較検討するための促進剤となることを期待したい。明らかに、初期キリスト教集団は当時の数多くの様々な社会的集団と類似点をもちながら、なおいくつかの顕著な特徴をもっている、ということを示すことができる。こういうわけで、キリスト信仰者の集団は当時の他のどの集団とも完全に同じであったのではない。しかし同時に、キリスト信仰者の集団が全く異質なものであったわけでもなかった。一般的な次元では、多種多様なこれらの集団を理解することは、パウロの教会の性質とそれがどのように形成されたかをより良く理解する上で手助けとなるであろう。

　ほとんどの現代の学者は、キリスト教会にとって統一的な地域的モデルが欠如していることを理論的には認識しているが、実際にはこの重要性を見逃してきた。一般に、「パウロのキリスト教」を社会的に描写しようと企てる研究は、通常コリントの信徒への手紙一をその他すべての教会にとってのモデルとして扱いながら、すべてのパウロの教会を同質化している。このことは歴史的にあり得ないし、方法論的に問題を孕んでいる。パウロの教会がそれぞれ抱えている地域的な特殊性を真剣に捉えず、また、

各書簡が宛てられた地域の社会的状況の視点から各書簡を読まないならば、私たちはその特定のキリスト信仰者共同体を誤解することになってしまうだろう。

　この点において**ジョナサン Z. スミス**（Jonathan Z. Smith）、*Drudgery Divine: On the Comparison of Early Christianities and the Religions of Late Antiquity*（1990）〔『神性なる苦役――初期キリスト教と古代後期の宗教との比較について』〕の方法論的研究を手短に検討しておくことは有益であろう。本書の最初ではなく最後に方法論を議論することは奇妙に思われるかもしれないが、スミスの本は最近出版されたばかりで、私たちが議論してきた多くの研究者たちはスミスの考えを参照できなかったために、このような次第となったのである。スミスの研究をここで論じる二つ目の理由は、彼の研究の意義である。この研究は1世紀の関連モデルに照らしてパウロの共同体を研究するためにありうる道を提案している。

　豊富な学識に裏付けられたスミスの本は、そっくりそのまますべてを何度も読む価値があるだろう。ここでは彼の最も肝要な点のいくつかを強調しておく。スミスは現代の比較宗教学のアプローチの起源をたどることから始め、〔宗教改革以降のプロテスタントによるカトリックに対する〕論争的なアジェンダがあまりにもしばしば議論の文脈となり、「事実」の提示とそれに続く分析と結論を歪めている、と提言する[1]。

　スミスはさらに、より厳密で役立つアプローチは、イエスと初期キリスト教の「ユニークさ」を強調しないものである、と論じる。むしろ、「折衝、分類、比較をもたらす複合的な用語である『相違』」に焦点が置かれるだろう（1990:42）。例えば、比較とは「キリスト教は密儀宗教である」と表現するような、あるものを別の何かと同一視することではない[2]。このような主張があまりにもしばしば研究の焦点になってきており、そこではキリスト教を別の集団と比較することで「直接的な関係（借用と依存）」と「一流の出自（血統）」を示すことが課題であると考えられている。すなわち、その第一の関心は系譜学的なものである。

このアプローチの代わりに、スミスは類比的に比較することを提唱している。類比的に比較されたデータは直接の関係を見出すことを目的とはしない。その代わりにこのアプローチは、一連の限られた選択肢の中で類似点と相違点を重視するのに役立つ。類比は考察を行う研究者の頭の中に残り、物事がどのように知覚されるのか、あるいは再記述されるのかを理解する助けとなる。類比とは「知識の助けによって行われる、訓練された拡張表現」である（1990:52）。類似点と相違点を強調するこのような比較方法を通して、研究者は資料についてひとつの見通しを得、それは系譜学的な関係を単に推察するのではなく、より微妙なニュアンスを含んだ分析に導かれる[3]。

　スミスは比較対照を議論するために次のような公式を提案している（1990:51）。

　　　xは……に関してzよりyに似ている。

諸関係は、このように三つの関係から考察されるが、それは「z」の二次的な類比の可能性を除外せず、特定の比較対照の範疇において何が最も類比的であるかに強調点を置くのである。私たちの考察の状況にこれを取り入れると、次のような主張が今後の研究に向けてはるかに有益な道となるであろう。すなわち、

　　　フィリピのキリスト信仰者の共同体（x）は、内部組織に関して、シナゴーグ（z）よりマケドニアの任意団体（y）に似ている[4]。

このような主張は、それを行う研究者に明らかに多くのことを要請してくるだろう。すなわち、具体的な場所における具体的な関連グループを研究することと、その情報を利用して特定のパウロ書簡の理解を啓発することである。「パウロ的共同体形成」一般についての大まかで包括的な主張を

結論

なすことはもはや不可能となる。しかしながら、このことによってパウロのキリスト信仰共同体と彼の手紙それぞれとの理解は、ニュアンスに富んだものとなろう。そして、このような調査を企てるために求められた努力に報いを与えてくれるだろう。

　パウロの教会形成に関する学術文献の考察とスミスの方法論的議論から、場所によって関連づけるモデルが異なっているのが適当だ、と結論づけることができるだろう。例えば、すでに言及したように、フィリピとテサロニケにおけるキリスト信仰者の共同体は、比較的容易に任意団体として分類されるかもしれない。というのもその地域にはシナゴーグは存在せず、言葉遣いには哲学学派もしくは密儀宗教を明示するものはなく、家の教会がもつ家族的構造を表すものもほとんどないからである。しかしながらコリント教会は、多くの分裂が存在しており（1コリ1・11〜12）、家の教会の集まりとして理解する方が良いのかもしれない（Filson 1939:111）。中には哲学学派としての自己理解を持つ人々もいた。ガラテヤの教会は律法に強調点を持っており、組織上のモデルとしてシナゴーグを利用する傾向がより強かったかもしれない。パウロが彼らの注意を律法から本来注目すべきものに向け直そうと手紙を書くまでは、少なくともそうであったかもしれない。しかしながら、これらの考えにはもっと詳細な考察が必要であり、パウロの教会形成について将来の研究が向かうべき今後の道筋を示している。

　結論として、パウロの教会形成の研究が現代の教会に与える意味合いに簡単に触れておきたい。パウロ共同体は、特定の類比的モデルに基づいてはいなかったし、各々のパウロ共同体が同一でもなかったことは明らかである[5]。それぞれの共同体はまさに地域に根付いたものであり、地域の状況の一部であった。パウロという偉大な創設者のもとで結びついていたが、各共同体は自律した集団であり、お互い多くの相違を呈していた。

　にもかかわらず、責任ある新約聖書学の目的は、初期キリスト教が純朴な神学と社会的調和という輝かしい時代、つまり「古きよき時代」であり、

結論

それは現代の教会がまことにキリスト教的であるために模倣しなければならないモデルとして回顧される時代であるという、その考えが偽りである点を示すことだけではない。むしろ、新約聖書学は初期キリスト教の共同体をもっときちんとした背景に照らして考えなければならない。すなわち、キリスト信仰共同体は最初に形成された際の様々な状況を反映していること、そして初期にキリスト信仰者が直面した様々な状況に彼らが順応したという事実を強調せねばならない。

キリスト信仰者が種々の集団という概念を発明したのではない。また「キリスト信仰者」の集団という概念が突然どこからともなく現れたのでもない。むしろキリスト信仰者は、集団形成のモデルとして周りに存在する様々な集団を見ることができた。一方、同時に彼ら独自の変異を、選択した集団の構造に付け加えた。このように彼らは実験的であり、規格化されてはおらず、まさしく「受肉的」であった。神がナザレのイエスという人の姿をとったように、教会もまたすでに存在していた古代の諸集団の形をとったのである。結果として、世界中の様々な地域での、キリスト信仰者の共同体形成における現代的な実験作業は、「教会」はどうあるべきかを示す「聖書的」モデルを冒すものではない。それどころか、キリスト信仰者の最初期の形成に特有の考えは（私たちの正典テキストに示されているように）、キリスト信仰者の共同体が地域の信仰者たちの社会的状況に意欲的に適応しながら、「創設者たち」によって伝えられた伝統に対する責務を果たすために試行錯誤し、修正変更をするということである。

注

1. より具体的にスミスは、努力全体がプロテスタントの反カトリック的護教論によって損なわれている、と提言している（参照：1990:34）。〔例えばプロテスタントの研究者は、「ユニークで真実な」初期キリスト教と自らの教派を同一視し、他方祭儀を重んじる密儀宗教とカトリックを同一視する。その結果、初期キリスト教と密儀宗教との歴史的な関係を考察できなくなっている。〕

2. スミスは彼の書物全体を通して、自分の方法を説明するためにキリスト教と密儀宗教とを比較して議論する学術文献を使用している。しかし彼の注釈は他のモデルにとっても適切である。

3. 「類比」の使用は、諸集団のどれか一つが形成途上のキリスト信仰者の集団に及ぼした直接の影響を除外しない。しかし、そのような影響を見つけることが考察の大部分となるべきではない。事実私たちは、キリスト教を周辺の環境から孤立させようとするのではなく、それを（ヘレニズム・ユダヤ教を含め）ギリシア・ローマ世界の文脈に具体的に位置づける努力をすべきである（参照：Malherbe 1989a:7）。しかしあまりに頻繁にキリスト教の「ユダヤ教的ルーツ」が、「異教的」環境と形成途上のキリスト教を分離するために利用されてきた。Smith 1990:83、Wiens 1980:1251を見よ。

4. この主張は、事実**そのもの**ではなく、例示を意図している。しかし、それは全く仮説的であるわけではない。というのは、この主張を支える証言を提供することが、私の博士論文（Ph.D., University of St. Michael's College, Toronto）の主旨であるからだ。

5. 他の人たちによって設立されたキリスト信仰者の共同体が、多様なパウロ共同体と異なる特徴を帯びることは言うまでもないことである。その相違は異なる地域に位置していることや創設者のパウロとは異なる見解によるものである。例えばヨハネ共同体が、ペトロによって形成された共同体と同じ構造であると想定することはできない。

参考文献

Alexander, Loveday. 1995. "Paul and the Hellenistic Schools: The Evidence of Galen." In *Paul in His Hellenistic Context*, ed. Troels Engberg-Pedersen, 60-83. Minneapolis: Fortress.

Anrich, Gustav. 1894. *Das antike Mysterienwesen in seinem Einfluss auf das Christentum*. Göttingen: Vandenhoeck and Ruprecht.

Ascough, Richard S. 1996. "The Completion of a Religious Duty: The Background of 2 Cor 8:1-15." *NTS* 42:584-99.

―――. 1997. "Local and Translocal Relationships Among Voluntary Associations and Early Christianity." *JECS* 5:223-41.

Aune, David E. 1991. "Romans as a *Logos Protreptikos*." In *The Romans Debate: Revised and Expanded Edition*, ed. Karl P. Donfried, 278-96. Peabody: Hendrickson.

―――. 1995. "Human Nature and Ethics in Hellenistic Philosophical Traditions and Paul: Some Issues and Problems." In *Paul in His Hellenistic Context*, ed. Troels Engberg-Pedersen, 291-312. Minneapolis: Fortress.

Banks, Robert. 1994. *Paul's Idea of Community: The Early House Churches in Their Cultural Setting*. 2nd edition. Peabody: Hendrickson.

Barton, S. C., and G. H. R. Horsley. 1981. "A Hellenistic Cult Group and the New Testament Churches." *JAC* 24:7-41.

Betz, Hans Dieter. 1968. "The Mithras Inscriptions of Santa Prisca and the New Testament." *NovT* 10:62-80.

―――. 1995. "Transferring a Ritual: Paul's Interpretation of Baptism in Romans 6." In *Paul in His Hellenistic Context*, ed. Troels Engberg-Pedersen, 84-118. Minneapolis: Fortress.

Blue, Bradley B. 1994. "Acts and the House Church." In *The Book of Acts in its First Century Setting 2: The Book of Acts in its Graeco-Roman Setting*, 119-222. Grand Rapids and Carlisle: Eerdmans and Paternoster.

Bormann, Lukas. 1995. *Philippi: Staat und Christengemeinde zur Zeit des Paulus*. NovTSup 78. Leiden/New York/Köln.

Borgen, Peder. 1995. " 'Yes,' 'No,' 'How Far?': The Participation of Jews and Christians in Pagan Cults." In *Paul in His Hellenistic Context*, ed. Troels Engberg-Pedersen, 30-59. Minneapolis: Fortress.

Bousset, Wilhelm. 1970. *Kyrios Christos*. Nashville: Abingdon.

Branick, Vincent P. 1989. *The House Church in the Writings of Paul*. Zacchaeus Studies: New Testament. Wilmington: Michael Glazier.

Brooten, Bernadette J. 1982. *Women Leaders in Ancient Synagogues: Inscriptional Evidence and Background Issues*. Brown Judaic Studies 36. Chico: Scholars Press.

Bultmann, Rudolf. 1910. *Der Stil der paulinischen Predigt und die kynisch-stoische Diatribe*. Forschungen zur Religion und Literatur des Alten und Neuen Testaments 13. Göttingen: Vandenhoeck & Ruprecht.

―――. 1952. *Theology of the New Testament*. Vol. 1. London: SCM. 〔R. ブルトマン、川端純四郎訳「新約聖書神学I、II」『ブルトマン著作集3、4』新教出版社、1963, 1966〕

―――. 1956. *Primitive Christianity in Its Contemporary Setting*. London: Thames and Hudson. 〔R. ブルトマン、八木誠一・山本泰生訳「原始キリスト教――古代諸宗教の枠の中で」『ブルトマン著作集6』新教出版社、1992〕

Burkert, Walter. 1987. *Ancient Mystery Cults*. Cambridge and London: Harvard University Press.

Burtchaell, James T. 1992. *From Synagogue to Church: Public Services and Offices in the Earliest Christian Communities*. Cambridge and New York: Cambridge University Press.

Capper, Brian J. 1993. "Paul's Dispute with Philippi: Understanding Paul's Argument in Phil 1-2 from His Thanks in 4.10-20." *TZ* 49:193-214.

Casaubon, Isaac. 1614. *De rebus sacris et ecclesiasticis exercitationes XVI*. London.

Colish, Marcia L. 1992. "Stoicism in the New Testament: An Essay in Historiography." *ANRW* II.26.1:334-79.

Conzelmann, Hans. 1965. "Paulus und die Weisheit." *NTS* 12:231-44.

―――. 1966. "Luke's Place in the Development of Early Christianity." In *Studies in Luke-Acts: Essays Presented in Honor of Paul Schubert*, ed. Leander E. Keck and J. Louis Martin, 298-316. Nashville and New York: Abingdon.

Cotter, Wendy J. 1993. "*Our Politeuma Is in Heaven*: The Meaning of Phil. 3.17-21." In *Origins and Method: Towards a New Understanding of Judaism and Christianity. Essays in Honour of John C. Hurd*, ed. Bradley H. McLean, 92-104. JSNTSup 86. Sheffield: JSOT Press.

Countryman, L. William. 1977. "Patrons and Officers in Club and Church." In *SBL 1977 Seminar Papers*, ed. P. J. Achtemeier, 135-43. SBLASP 11. Missoula: Scholars Press.

Danker, Frederick W. 1982. *Benefactor: Epigraphic Study of a Graeco-Roman and New Testament Semantic Field*. St. Louis: Clayton.

―――. 1992. "Associations, Clubs, Thiasoi." *ABD* 1:501-3.

de Lacy, Phillip H. 1948. "Lucretius and the History of Epicureanism." *TAPA* 79:12-23.

de Rossi, Giovanni Battista. 1864-77. *La Roma sotteranea cristiana*. Rome: Cromo-litografia Pontificia.

DeWitt, Norman W. 1936. "Organization and Procedure in Epicurean Groups." *CP* 31:205-11.

―――. 1944-45. "Epicurianism and Christianity." *University of Toronto Quarterly* 14:250-55.

―――. 1954a. *Epicurus and His Philosophy*. Minneapolis: University of Minnesota

Press.

———. 1954b. *St. Paul and Epicurus*. Minneapolis: University of Minnesota Press.

Dombrowski, B. W. 1966. "*ḤYḤD* in 1QS and *to koinon*: An Instance of Early Greek and Jewish Synthesis." *HTR* 59:293-307.

Donfried, Karl P. 1985. "The Cults of Thessalonica and the Thessalonian Correspondence." *NTS* 31:336-56.

———. 1993. "2 Thessalonians and the Church of Thessalonica." In *Origins and Method: Towards a New Understanding of Judaism and Christianity. Essays in Honour of John C. Hurd*, ed. Bradley H. McLean, 128-44. JSNTSup 86. Sheffield: JSOT Press.

Edson, Charles. 1940. "Macedonica." *HSCP* 51:125-36.

———. 1948. "Cults of Thessalonica (Macedonica III)." *HTR* 41:153-204.

Engberg-Pedersen, Troels, ed. 1995. *Paul in His Hellenistic Context*. Minneapolis: Fortress.

———. 1995. "Stoicism in Philippians." In *Paul in His Hellenistic Context*, ed. Troels Engberg-Pedersen, 256-90. Minneapolis: Fortress.

Feldman, Louis H. 1986. "The Omnipresence of the God-Fearers." *BARev* 12/5:58-69.

Ferguson, Everett. 1987. *Backgrounds of Early Christianity*. Grand Rapids: Eerdmans.

Filson, Floyd. 1939. "The Significance of the Early House Churches." *JBL* 58:109-12.

Fisher, Nicholas R. E. 1988. "Greek Associations, Symposia, and Clubs." In *Civilization of the Ancient Mediterranean: Greece and Rome*, ed. Michael Grant and Rachel Kitzinger, 1167-97. New York: Charles Scribner's Sons.

Fitzgerald, John T., ed. 1996. *Friendship, Flattery, and Frankness of Speech: Studies on Friendship in the New Testament World*. NovTSup 82. Leiden/New York/Köln: Brill.

Gager, John G. 1975. *Kingdom and Community: The Social World of Early Christianity*. Englewood Cliffs, NJ: Prentice-Hall.

Garnsey, Peter, and Richard Saller. 1987. *The Roman Empire: Economy, Society and Culture*. London: Duckworth.

Gaston, Lloyd. 1993. "Pharisaic Problems." In *Approaches to Ancient Judaism*, New Series 3., ed. Jacob Neusner, 85-100. Atlanta: Scholars Press.

Georgi, Dieter. 1986. *The Opponents of Paul in Second Corinthians*. Philadelphia: Fortress.

———. 1995. "The Early Church: Internal Jewish Migration or New Religion." *HTR* 88:35-68.

Gill, David W. J. 1994. "Achaia." In *The Book of Acts in Its First Century Setting 2: The Book of Acts in Its Graeco-Roman Setting*, ed. David W. J. Gill and Conrad Gempf, 433-53. Grand Rapids and Carlisle: Eerdmans and Paternoster.

Glad, Clarence E. 1995. *Paul and Philodemus: Adaptability in Epicurean and Early Christian Psychagogy*. NovTSup 81. Leiden/New York/Köln: Brill.

Goodman, Martin. 1992. "Jewish Proselytizing in the First Century." In *The Jews Among Pagans and Christians in the Roman Empire*, ed. Judith Lieu, John North, and Tessa Rajak, 53-78. London and New York: Routledge.

———. 1994. *Mission and Conversion: Proselytizing in the Religious History of the Roman Empire*. Oxford: Clarendon.

Gordon, Arthur E. 1983. *Illustrated Introduction to Latin Epigraphy*. Berkeley and Los Angeles: University of California Press.

Goulder, Michael D. 1992. "Silas in Thessalonica." *JSNT* 48:87-106.

Guerra, Anthony J. 1995. *Romans and the Apologetic Tradition: The Purpose, Genre and Audience of Paul's Letter*. SNTSMS 81. Cambridge: Cambridge University Press.

Hanson, K. C. 1989. "The Herodians and Mediterranean Kinship. Part 2: Marriage and Divorce." *Biblical Theology Bulletin* 19:142-51.

Hardy, E. G. 1906. *Studies in Roman History* 1. London and New York: Sonnenschein and MacMillan.

Harnack, Adolf von. 1887. "On the Origin of the Christian Ministry." *Expositor* 3/5:321-43.

Hatch, Edwin. 1881. *The Organization of Early Christian Churches: Eight Lectures*. Bampton Lectures. London: Rivingtons.

―――――. 1891. *The Influence of Greek Ideas on Christianity*. The Hibbert Lectures, 1888. London: Williams and Norgate. (Reprinted Peabody: Hendrickson, 1995).

Heinrici, Georg. 1876. "Die Christengemeinden Korinths und die religiösen Genossenschaften der Griechen." *ZWT* 19:465-526.

―――――. 1877. "Zur Geschichte der Anfänge paulinischer Gemeinden." *ZWT* 20:89-130.

―――――. 1881. "Zum genossenschaftlichen Charakter der paulinischen Christengemeinden." *TSK* 54:505-24.

―――――. 1896. *Der erste Brief an die Korinther*. Kritisch-exegetischer Kommentar über das Neue Testament 5. 8th edition. Göttingen: Vandenhoeck & Ruprecht.

Hemer, Colin J. 1983. "The Cities of Revelation." *NewDocs* 3:51-58.

Hock, Ronald F. 1978. "Paul's Tentmaking and the Problem of His Social Class." *JBL* 97:555-64.

―――――. 1979. "The Workshop as a Social Setting for Paul's Missionary Preaching." *CBQ* 41:438-50.

―――――. 1980. *The Social Context of Paul's Ministry: Tentmaking and Apostleship*. Philadelphia: Fortress.〔R. F. ホック、笠原義久訳『天幕づくりパウロ――その伝道の社会的考察』日本キリスト教団出版局、1990〕

Horsley, G. H. R. 1982. "The Purple Trade, and the Status of Lydia of Thyatira." *NewDocs* 2:25-32.

Inwood, Brad, L. P. Gerson, and D. S. Hutchinson, eds. 1994. *The Epicurus Reader: Selected Writings and Testimonia*. Indianapolis and Cambridge: Hackett.

Jeffers, James S. 1991. *Conflict at Rome: Social Order and Hierarchy in Early Christianity*. Minneapolis: Fortress.

Jeremias, J. 1958. *Jesus' Promise to the Nations: The Franz Delitzsch Lectures for 1953*. London: SMC.

Jewett, Robert. 1986. *The Thessalonian Correspondence: Pauline Rhetoric and Millenarian Piety*. Foundations and Facets. Philadelphia: Fortress.

Jones, A. H. M. 1955. "The Economic Life of the Towns of the Roman Empire." In *La Ville: Deuxième partie: Institutions économiques et sociales*, vol 2., ed. Jean Firenne, 161-94. Recueils de la Société Jean Bodin 7. Brussels: Editions de la Libraire Éncyclopédique.

Josaitis, Norman F. 1971. *Edwin Hatch and Early Church Order*. Gembloux: Éditions J. Duculot.

Judge, E. A. 1960a. "The Early Christians as a Scholastic Community." *JRH* 111:4-15.

―――――. 1960b. *The Social Pattern of Christian Groups in the First Century: Some Prolegomena to the Study of New Testament Ideas of Social Obligation*. London: Tyndale.

―――――. 1972. "St. Paul and Classical Society." *JAC* 15:19-36.

―――――. 1980. "The Social Identity of the First Christians: A Question of Method in Religious History." *JRH* 11:201-17.

Juster, G. 1914. *Les Juifs dans l'empire romain*. Reprint. New York: Burt Franklin.

Kee, Howard Clark. 1990. "The Transformation of the Synagogue After 70 C.E.: Its Import for Early Christianity." *NTS* 36:1-24.

―――――. 1994. "The Changing Meaning of Synagogue: A Response to Richard Oster." *NTS* 40:281-83.

―――――. 1995a. "Defining the First-Century C.E. Synagogue: Problems and Progress." *NTS* 41:481-500.

―――――. 1995b. *Who Are the People of God? Early Christian Models of Community*. New Haven and London: Yale University Press.

Kennedy, H. A. A. 1913. *St. Paul and the Mystery-religions*. London: Hodder & Stoughton.

Klauck, Hans-Josef. 1981a. "Die Hausgemeinde als Lebensform im Urchristentum." *MTZ* 32:1-15.

―――――. 1981b. *Hausgemeinde und Hauskirche im frühen Christentum*. Stuttgarter Bibelstudien 103. Stuttgart: Katholisches Bibelwerk.

―――――. 1982. *Herrenmahl und hellenistischer Kult: Eine religionsgeschichtliche Untersuchung zum ersten Korintherbrief*. Neutestamentliche Abhandlungen 15. Münster: Aschendorff.

―――――. 1992. *Gemeinde zwischen Haus und Stadt: Kirche bei Paulus*. Freiburg/Basel/Wien: Herder.

Kloppenborg, John S. 1988. *Q Parallels: Synopsis, Critical Notes, and Concordance*. Sonoma, CA: Polebridge Press.

―――――. 1993a. "Edwin Hatch, Churches and Collegia." In *Origins and Method: Towards a New Understanding of Judaism and Christianity. Essays in Honour of John C. Hurd*, ed. Bradley H. McLean, 212-38. JSNTSup 86. Sheffield: JSOT Press.

―――――. 1993b. "*Philadelphia, Theodidaktos* and the Dioscuri: Rhetorical Engagement in 1 Thessalonians 4.9-12." *NTS* 39:265-89.

―――――. 1996a. "Collegia and Thiasoi: Issues in Function, Taxonomy and Membership." In *Voluntary Associations in the Graeco-Roman World*, ed. John S. Kloppenborg and Stephen G. Wilson, 16-30. London and New York: Routledge.

―――――. 1996b. "Egalitarianism in the Myth and Rhetoric of Pauline Churches." In

Reimagining Christian Origins: A Colloquium Honoring Burton L. Mack, ed. Elizabeth A. Castelli and Hal Taussig, 247-63. Valley Forge: Trinity Press International.

Knox, John. 1987. *Chapters in a Life of Paul*. 2nd edition. Macon: Mercer University Press.

Kraabel, A. Thomas. 1981. "The Disappearance of the 'God-Fearers.'" *Numen* 28:113-26 (Reprinted in Overman and MacLennan 1992:119-30).

_____. 1994. "Immigrants, Exiles, Expatriates, and Missionaries." In *Religious Propaganda and Missionary Competition in the New Testament World: Essays Honoring Dieter Georgi*, ed. Lukas Bormann, Kelly Del Tredici, and Angela Standhartinger, 71-88. NovTSup 74. Leiden: Brill.

Lease, Gary. 1980. "Mithraism and Christianity: Borrowings and Transformations." *ANRW* II.23.2:1306-32.

Liebenam, W. 1890. *Zur Geschichte und organisation des römischen Vereinswesens: Drei Untersuchungen*. Leipzig: Teubner.

Lieu, Judith M. 1994. "Do God-Fearers Make Good Christians?" In *Crossing the Boundaries: Essays in Biblical Interpretation in Honour of Michael D. Goulder*, ed. Stanley E. Porter, Paul Joyce, and David E. Orton, 329-45. Biblical Interpretation Series 8. Leiden/New York/Köln: Brill.

Lobeck, C. A. 1829. *Aglaophamus, sive de theologiae mysticae Graecorum causis, idemque poetrarum Orphicorum dispersas*. 2vols. Königsberg.

Loisy, Alfred. 1911-12. "The Christian Mystery." *Hibbert Journal* 10:45-64.

_____. 1914. *Les mystères païens et le mystère chrétien*. Paris: Emile Nourry.

Lüdemann, Gerd. 1987. *Early Christianity According to the Traditions in Acts: A Commentary*. Minneapolis: Fortress.

McKnight, Scot. 1991. *A Light Among the Gentiles: Jewish Missionary Activity in the Second Temple Period*. Minneapolis: Fortress.

McLean, Bradley H. 1993. "The Agrippinilla Inscription: Religious Associations and Early Church Formation." In *Origins and Method: Towards a New Understanding of Judaism and Christianity. Essays in Honour of John C. Hurd*, ed. Bradley H. McLean, 239-70. JSNTSup 86. Sheffield: JSOT Press.

MacLennan, Robert S., and A. T. Kraabel. 1986. "The God-Fearers—A Literary and Theological Invention." *BARev* 12/5:46-53, 64. (Reprinted in Overman and MacLennan 1992:131-44).

MacMullen, Ramsay, and Eugene N. Lane, eds. 1992. *Paganism and Christianity 100–425 C.E.: A Sourcebook*. Minneapolis: Fortress.

Maccoby, Hyam. 1986. *The Mythmaker: Paul and the Invention of Christianity*. New York: Harper & Row.

_____. 1991. *Paul and Hellenism*. Valley Forge: Trinity Press International.

Malherbe, Abraham J. 1983. *Social Aspects of Early Christianity*. 2nd edition. Philadelphia: Fortress.

_____. 1987. *Paul and the Thessalonians: The Philosophic Tradition of Pastoral Care*. Philadelphia: Fortress.

_____. 1989a. "Graeco-Roman Religion and Philosophy and the New Testament." In *The New Testament and Its Modern Interpreters*, Eldon Jay Epp, and George MacRae, 1-26. Atlanta: Scholars Press.
_____. 1989b. *Paul and the Popular Philosophers*. Minneapolis: Fortress.
_____. 1989c. "Paul: Hellenistic Philosopher or Christian Pastor?" In *Paul and the Popular Philosophers*, Abraham J. Malherbe, 67-77. Minneapolis: Fortress.
_____. 1990. "Pastoral Care in the Thessalonian Church." *NTS* 36:375-91.
_____. 1992. "Hellenistic Moralists and the New Testament." *ANRW* II.26.1:267-333.
Marcus, Ralph. 1952. "Philo, Josephus and the Dead Sea *Yaḥad*." *JBL* 71:207-9.
Marrou, Henri. 1955. *A History of Education in Antiquity*. New York: Sheed and Ward. 〔H. I. マルー、横尾壮英他訳『古代教育文化史』岩波書店、1985〕
Martens, John W. 1994. "Romans 2:14-16: A Stoic Reading." *NTS* 40:55-67.
Martin, Luther H. 1987. *Hellenistic Religions: An Introduction*. New York and Oxford: Oxford University Press.
Mason, Steve N. 1996. "*Philosophiai*: Greco-Roman, Jewish, and Christian." In *Voluntary Associations in the Graeco-Roman World*, ed. John S. Kloppenborg and Stephen G. Wilson, 31-58. London and New York: Routledge.
Meeks, Wayne A. 1980. "The Urban Environment of Pauline Christianity." In *SBL 1980 Seminar Papers*, ed. P. J. Achtemeier, 113-22. SBLASP 19. Chico: Scholars Press.
_____. 1983. *The First Urban Christians: The Social World of the Apostle Paul*. New Haven: Yale University Press. 〔ウェイン A. ミークス、加山久夫監訳『古代都市のキリスト教――パウロ伝道圏の社会学的研究』ヨルダン社、1989〕
_____. 1985. "Breaking Away: Three New Testament Pictures of Christianity's Separation From the Jewish Communities." In *'To See Ourselves As Others See Us': Christians, Jews, 'Others' in Late Antiquity*, ed. Jacob Neusner and Ernest S. Frerichs, 93-115. Scholars Press Studies in the Humanities. Chico: Scholars Press.
_____. 1986. *The Moral World of the First Christians*. LEC 6. Philadelphia: Westminster.
_____. 1993. *The Origins of Christian Morality: The First Two Centuries*. New Haven: Yale University Press.
Metzger, Bruce M. 1968. "Methodology in the Study of the Mystery Religions and Early Christianity." In *Historical and Literary Studies: Pagan, Jewish and Christian*, Bruce M. Metzger, 1-24. New Testament Tools and Studies 8. Grand Rapids: Eerdmans.
_____. 1984. "A Classified Bibliography of the Graeco-Roman Mystery Religions 1924-1973 with a supplement 1978-1979." *ANRW* II.17.3:1259-423.
Meyer, Marvin W. 1992. "Mystery Religions." *ABD* 4:941-45.
Mommsen, Theodore. 1843. *De collegiis et sodaliciis Romanorum: Accedit inscriptio lanuvina*. Kiel: Libraria Schwersiana.
Murphy-O'Connor, Jerome. 1992. "Lots of God-Fearers? *Theosebeis* in the Aphrodisias Inscription." *RB* 99:418-24.
Nock, A. D. 1933. *Conversion: The Old and the New in Religion from Alexander the Great to Augustine of Hippo*. Oxford: Oxford University Press.

_____. 1972a. "Early Gentile Christianity and its Hellenistic Background." In *Essays on Religion and the Ancient World*, ed. Zeph Stewart, 49-133. Oxford: Clarendon.

_____. 1972b. "The Genius of Mithraism." In *Essays on Religion and the Ancient World*, ed. Zeph Stewart, 452-58. Oxford: Clarendon.

_____. 1972c. "Hellenistic Mysteries and Christian Sacraments." In *Essays on Religion and the Ancient World*, ed. Zeph Stewart, 791-820. Oxford: Clarendon.

_____. 1972d. "'Son of God' in Pauline and Hellenistic Thought." In *Essays on Religion and the Ancient World*, ed. Zeph Stewart, 928-39. Oxford: Clarendon.

_____. 1972e. "The Vocabulary of the New Testament." In *Essays on Religion and the Ancient World*, ed. Zeph Stewart, 341-47. Oxford: Clarendon.

Osiek, Carolyn. 1992. *What Are They Saying About the Social Setting of the New Testament?* 2nd edition. New York and Mahwah, NJ: Paulist.

Oster, Richard E. 1993. "Supposed Anachronism in Luke-Acts' Use of synagōguē." *NTS* 39:178-208.

Overman, J. Andrew. 1992. "The God-Fearers: Some Neglected Features." In *Diaspora Jews and Judaism: Essays in Honor of, and in Dialogue with, A. Thomas Kraabel*, ed. J. Andrew Overman and Robert S. MacLennan, 145-52. South Florida Studies in the History of Judaism 41. Atlanta: Scholars Press. (Reprint of *JSNT* 32 [1988] 17-26).

Overman, J. Andrew and Robert S. MacLennan, eds. 1992. *Diaspora Jews and Judaism: Essays in Honor of, and in Dialogue with, A. Thomas Kraabel*. South Florida Studies in the History of Judaism 41. Atlanta: Scholars Press.

Petersen, Joan M. 1969. "House-Churches in Rome." *VC* 23:264-72.

Radin, Max. 1910. *The Legislation of the Greeks and Romans on Corporations*. Columbia University: Tuttle, Morehouse & Taylor.

Rahner, Hugo. 1963. "Christian Mystery and the Pagan Mysteries." In *Pagan and Christian Mysteries: Papers from the Eranos Yearbooks*, ed. Joseph Cambell, 146-210. New York: Harper.

Rajak, Tessa. 1985. "Jews and Christians as Groups in a Pagan World." In *'To See Ourselves As Others See Us': Christians, Jews, 'Others' in Late Antiquity*, ed. Jacob Neusner and Ernest S. Frerichs, 247-62. Scholars Press Studies in the Humanities. Chico: Scholars Press.

Rajak, Tessa, and D. Noy. 1993. "*Archisynagōgoi*: Office, Title and Status in the Greco-Roman World." *JRS* 83:75-93.

Ramish, Sandra Walker. 1996. "Greco-Roman Voluntary Associations and the Damascus Document: A Sociological Analysis." In *Voluntary Associations in the Graeco-Roman World*, ed. John S. Kloppenborg and Stephen G. Wilson, 128-45. London and New York: Routledge.

Reitzenstein, Richard. 1978. *Hellenistic Mystery-Religions: Their Basic Ideas and Significance*. PTM 18. Pittsburgh: Pickwick.

Renan, Ernest. 1866. *The Apostles*. New York: Carleton.〔ルナン、廣瀬哲士訳『使徒』東京堂書店、1926〕

Reynolds, Joyce M. and Robert Tannenbaum. 1987. *Jews and God-fearers at Aphrodisias: Greek Inscriptions With Commentary*. Proceedings of the Cambridge Philological Society, Supplementary 12. Cambridge: Cambridge Philological Society.

Richardson, G. Peter. 1996. "Early Synagogues as Collegia in the Diaspora and Palestine." In *Voluntary Associations in the Graeco-Roman World*, ed. John S. Kloppenborg and Steven G. Wilson, 90-109. London and New York: Routledge.

Riches, John K. 1993. *A Century of New Testament Study*. Cambridge: Lutterworth.

Roberts, C. H., T. C. Skeat, and A. D. Nock. 1936. "The Guild of Zeus Hypsistos." *HTR* 29:39-88.

Sampley, J. Paul. 1980. *Pauline Partnership in Christ*. Philadelphia: Fortress.

Schmeller, Thomas. 1995. *Hierarchie und Egalität: Eine sozialgeschichtliche Untersuchung paulinischer Gemeinden und griechisch-römischer Vereine*. Stuttgarter Bibelstudien 162. Stuttgart: Katholisches Bibelwerk.

Schmid, Wolfgang. 1962. "Epikur." *RAC* 5:681-819.

Scroggs, Robin. 1980. "The Sociological Interpretation of the New Testament: The Present State of Research." *NTS* 26:164-79.

Segal, Alan F. 1990. *Paul the Convert: The Apostolate and Apostasy of Saul the Pharisee*. New Haven and London: Yale University Press.

Simpson, A. D. 1941. "Epicureans, Christians, Atheists in the Second Century." *TAPA* 72:372-81.

Smallwood, E. Mary. 1976. *The Jews Under Roman Rule*. Studies in Judaism in Late Antiquity 20. Leiden: Brill.

Smith, Jonathan Z. 1978. "Too Much Kingdom/Too Little Community." *Zygon* 13:123-30.

_____. 1990. *Drudgery Divine: On the Comparison of Early Christianities and the Religions of Late Antiquity*. Chicago: University of Chicago Press.

Stambaugh, John E., and David L. Balch. 1986. *The New Testament in Its Social Environment*. LEC 2. Philadelphia: Westminster.

Stowers, Stanley K. 1981. *The Diatribe and Paul's Letter to the Romans*. SBLDS 57. Chico: Scholars Press.

_____. 1984. "Social Status, Public Speaking and Private Teaching." *NovT* 26:59-82.

_____. 1988. "The Diatribe." In *Greco-Roman Literature and the New Testament: Selected Forms and Genres*, ed. David E. Aune, 71-83. SBLSBS 21. Atlanta: Scholars Press.

Tannenbaum, Robert F. 1986. "Jews and God-Fearers in the Holy City of Aphrodite." *BARev* 12/5:54-57.

Teeple, Howard M. 1988. "How Mithra Won the West." In *SBL 1988 Seminar Papers*, ed. D. J. Lull, 312-17. SBLASP 27. Atlanta: Scholars Press.

_____. 1992. *How Did Christianity Really Begin? A Historical-Archaeological Approach*. Evanston, IL: Religion and Ethics Institute.

Tod, Marcus N. 1932. *Sidelights on Greek History: Three Lectures on the Light Thrown By Greek Inscriptions on the Life and Thought of the Ancient World*. Oxford: Blackwell.

Trebilco, Paul R. 1994. "Asia." In *The Book of Acts in Its First Century Setting 2: The Book of*

Acts in Its Graeco-Roman Setting, ed. David W. J. Gill and Conrad Gempf, 291-362. Grand Rapids and Carlisle: Eerdmans and Paternoster.

Urman, Dan, and Paul V. M. Flesher. 1995. "Ancient Synagogues: A Reader's Guide." In Ancient Synagogues: Historical Analysis and Archaeological Discovery. Vol. 1., ed. Dan Urman and Paul V. M. Flesher, xvii-xxxvii. SPB 47/1. Leiden/New York/Köln: Brill.

Wagner, Günther. 1967. Pauline Baptism and the Pagan Mysteries: The Problem of the Pauline Doctrine of Baptism in Romans VI, 1-11, in the Light of its Religio-Historical 'Parallels'. Edinburgh and London: Oliver & Boyd.

Waltzing, J.-P. 1895, 1896, 1899, 1900. Étude Historique sur les corporations Professionnelles chez les Romains depuis les origins jusqu'a la chute de l'Empire d'Occident. 4 Vols. Mémoire couronne par l'Academie royale des Sciences, des Lettres et des Beaux-Arts de Belgique. Louvain: Peeters.

Wedderburn, A. J. M. 1982. "Paul and the Hellenistic Mystery-Cults: On Posing the Right Questions." In La Soteriologia Dei Culti Orientali Nell' Impero Romano: Atti del Colloquio Internazionale su La soteriologia dei culti orientali nell' Impero Romano, ed. Ugo Bianchi and Maarten J. Vermasern, 817-33. EPRO 92. Leiden: Brill.

―――. 1983. "Hellenistic Christian Traditions in Romans 6?" NTS 29:337-55.

―――. 1987a. Baptism and Resurrection: Studies in Pauline Theology Against Its Graeco-Roman Background. WUNT 44. Tübingen: Mohr (Siebeck).

―――. 1987b. "The Soteriology of the Mysteries and Pauline Baptismal Theology." NovT 29:53-72.

Weinfeld, Moshe. 1986. The Organizational Pattern and the Penal Code of the Qumran Sect: A Comparison With Guilds and Religious Associations of the Hellenistic Period. NovT et orbis antiquus 2. Göttingen: Vandenhoeck & Ruprecht.

Whelan, Caroline F. 1993. "Amica Pauli: The Role of Phoebe in the Early Church." JSNT 49:67-85.

White, L. Michael. 1990. Building God's House in the Roman World: Architectural Adaptation Among Pagans, Jews and Christians. ASOR Library of Biblical and Near Eastern Archaeology. Baltimore: Johns Hopkins University Press.

Wiens, Devon H. 1980. "Mystery Concepts in Primitive Christianity and in its Environment." ANRW II.23.2:1248-84.

Wilcox, Max. 1981. "The 'God-Fearers' in Acts—A Reconsideration." JSNT 13:102-22.

Wilken, Robert L. 1971. "Collegia, Philosophical Schools and Theology." In The Catacombs and the Colosseum: The Roman Empire as the Setting of Primitive Christianity, ed. Stephen Benko and John J. O'Rourke, 268-91. Valley Forge: Judson.

―――. 1984. The Christians as the Romans Saw Them. New Haven and London: Yale University Press. 〔R. L. ウィルケン、三小田敏雄他訳『ローマ人が見たキリスト教』ヨルダン社、1987〕

Wilson, Thomas. 1927. St. Paul and Paganism. Edinburgh: T. & T. Clark.

Winter, Bruce W. 1994. Seek the Welfare of the City: Christians as Benefactors and Citizens.

First-Century Christians in the Graeco-Roman World. Grand Rapids and Carlisle: Eerdmans and Paternoster.

Witherington III, Ben. 1994. *Friendship and Finances in Philippi: The Letter of Paul to the Philippians*. The New Testament in Context. Valley Forge: Trinity Press International.

Witt, R. E. 1966a. "The Importance of Isis for the Fathers." *Studia Patristica* 8:135-45.

———. 1966b. "Isis-Hellas." *Proceedings of the Cambridge Philological Society* 192 (n.s.12):48-69.

———. 1971. *Isis in the Graeco-Roman World*. Aspects of Greek and Roman Life. London: Thames and Hudson.

さらに学ぶために

(Suggestions for Further Study)

Barton, S. C., and G. H. R. Horsley. 1981. "A Hellenistic Cult Group and the New Testament Churches." *JAC* 24:7-41.

この長大な雑誌論文は*SIG*³ 985に見出された私的な任意団体の規則とキリスト教会の規則を詳細に比較検討している。著者は多くの類似点を見出すと同時に、相違点も強調している。任意団体の碑文に馴染みのない人々にとって、この論文は研究を始める確かな土台を提供してくれるだろう。著者は碑文の分析とともにその英訳を提供している。

Branick, Vincent. 1989. *The House Church in the Writings of Paul*. Zacchaeus Studies: New Testament. Wilmington, DE: Michael Glazier.

キリスト信仰者の共同体形成を理解するための、特に古代の家（家庭）の概念とその意義に関する全般的な入門書。

Engberg-Pedersen, Troels, ed. 1995. *Paul in His Hellenistic Context*. Minneapolis: Fortress.

この見事な論文集の中には、パウロと哲学学派や密儀宗教の関係について手堅い釈義的視点を提供する多くの論文がある。また、パウロのユダヤ教的背景を考察する論文に加え、より視野の広い方法論から考察をする論文もある。本書ではこの論文集の中からAune 1995、Alexander 1995、Betz 1995、Borgen 1995、Engberg-Pedersen 1995を要約し紹介した。

Goodman, Martin. 1994. *Mission and Conversion: Proselytizing in the Religious History of the Roman Empire*. Oxford: Clarendon.

1世紀のユダヤ教への改宗についての卓越した分析。グッドマンはこの研究の中で哲学学派や密儀宗教で行われたと考えられている宣教活動も考察している。これらのグループの中には宣教を行おうとした形跡を示す証拠はほとんどないと結論づけている。世界に福音を宣べ伝

えようとする普遍的な計画のアイデアは、キリスト教そのものに起源がある。

Judge, E. A. 1960. *The Social Pattern of Christian Groups in the First Century: Some Prolegomena to the Study of New Testament Ideas of Social Obligation*. London: Tyndale.
　近年、キリスト信仰者の社会的アイデンティティを、当時の社会的文脈で研究することを提唱しそれに取り組もうとの声があるが、これはその最初期のひとつ。丁寧に読むことに値する簡潔な研究書。

Kee, Howard Clark. 1995. *Who Are the People of God? Early Christian Models of Community*. New Haven and London: Yale University Press.
　ユダヤ教共同体のモデル（五つ）と（ヘブライ語聖書以外の）ユダヤ教文献とから、様々な初期のキリスト信仰共同体を理解しようとする試み。初期ユダヤ教とキリスト教が袂を分かつ際に生じた、前者の様々な形態と、後者の様々な分派との相互作用についての優れた概説書。

Kloppenborg, John S. and Stephen G. Wilson. 1996. *Voluntary Associations in the Graeco-Roman World*. London and New York: Routledge.
　現代における任意団体についての研究の中から、最もすぐれた研究を集めた論文集。また過去になされてきた多くの研究も要約している。ほとんどの論文は、哲学学派、ユダヤ教の諸形態（フィロン、シナゴーグ、クムラン）、初期キリスト教という様々な古代の集団を理解する上での、任意団体の利用について概説している。

Malherbe, Abraham J. 1987. *Paul and the Thessalonians: The Philosophic Tradition of Pastoral Care*. Philadelphia: Fortress.
　パウロがテサロニケのキリスト信仰者の共同体をどのように創設し、

形作り、育てていったのかを最古の手紙であるテサロニケの信徒への手紙一をもとに研究したもの。マラーブは数多くのギリシア・ローマの哲学的著作に目を通すことで、パウロの牧会上のアプローチと大衆の支持を得ていた道徳哲学者のそれとの間にある多くの類似点を描き出している。この書は道徳哲学者についての良い入門書であり、初期キリスト教との関連も示している。

Meeks, Wayne A. 1983. *The First Urban Christians: The Social World of the Apostle Paul*. New Haven: Yale University Press.〔ウェイン A. ミークス、加山久夫監訳『古代都市のキリスト教――パウロ伝道圏の社会学的研究』ヨルダン社、1989〕
初期キリスト教と類比し得る様々な共同体の類型をわずかなページで要約しているが（74-84頁〔邦訳205-26頁〕）、キリスト教が発展していった都市環境に興味がある人々にとって必読書である。おもにパウロの共同体のメンバーの地位や交流についての社会学的研究である。

Metzger, Bruce M. 1968. "Methodology in the Study of the Mystery Religions and Early Christianity." In *Historical and Literary Studies: Pagan, Jewish and Christian*, Bruce M. Metzger, 1-24. New Testament Tools and Studies 8. Grand Rapids: Eerdmans.
この論文は、キリスト教と密儀宗教を比較検討した研究の歴史について簡潔な概観を提供し、この問題をさらに追究したい人々に方法論的考察を与えている。Smith 1990ほどには包括的、洞察的ではないが、初学者に有益な出発点を与えるだろう。

Nock, A. D. 1972. *Essays on Religion and the Ancient World*, ed. Zeph Stewart. Oxford: Clarendon.
ノックの重要な論文と書評を収集した二巻本。ヘレニズムの文脈にお

ける古代キリスト教を研究する際に用いられる資料を包括的に挙げている。中身の豊富なノックの論文の多くがここに再掲されており、特に「初期の異邦人キリスト教とそのヘレニズム的背景」(49-133頁) は、ノックのアプローチを知る良い入門となるであろう。

Overman, J. Andrew and Robert S. MacLennan, eds. 1992. *Diaspora Jews and Judaism: Essays in Honor of, and in Dialogue with, A. Thomas Kraabel*. South Florida Studies in the History of Judaism 41. Atlanta: Scholars Press.

新たに執筆された論文と再掲する論文を収集したもの。二十二の論文のうち半分はA. T. クラーベル (一つは共著) によって書かれたもので、残り半分は彼の議論や結論に応答した同僚たちによるもの。この書は、多くの問題を扱っているが、特にディアスポラのシナゴーグの性質と役割、「神を畏れる者」の存在を支持するあるいは支持しない証拠、ユダヤ教とギリシア・ローマ文化の相互作用について、堅実な概観を提供している。この書に所収されているKraabel 1981、MacLennan and Kraabel 1986、Overman 1992を本書では要約し紹介した。

Smith, Jonathan Z. 1990. *Drudgery Divine: On the Comparison of Early Christianities and the Religions of Late Antiquity*. Chicago: University of Chicago Press.

初期キリスト教を歴史的文脈に位置づけるための方法論を扱うもので、この十年で出版された最も重要な研究書のひとつ。スミスは、今までの研究者が自らの考察の中に (意識的であれ無意識にであれ) 先入観を持ちこみ、それが彼らの結論に悪影響を及ぼしてきた数多くのケースを指摘している。データを類比的に比較する彼の議論が、将来的に多くの実りを生み出すことが期待される。明らかにこの書は何度も読む価値がある。

索 引

マタイ福音書
23・15	28, 31

ルカ福音書
7・5	33

使徒言行録
1・13	14
2・11	31
2・47	14
5・42	14
6・5	31
8・27〜28	33
9・1〜19	113
10・1〜48	113
10・1〜11・18	14
10・2	30, 33
10・7	33
10・22	30
10・35	30
13・5	24
13・13〜41	24
13・16	30
13・26	30
13・43	24, 30, 31
13・44〜49	24
13・50	30
15・21	25
16・9	113
16・14	30
16・15	14, 16
16・31〜34	14
17・4	30
17・16〜34	50
17・17	30
17・18	71
17・21	50
18・7	30
18・8	15
19・9	50, 62, 112
20・7〜9	14

ローマ書
1・1〜15	65
1・16〜15・13	65
1・18〜2・11	66
1・18〜3・31	67
1・23	80
2・12〜4・25	66
3・25	101, 107
4章	67
5・1〜8・39	66
5〜8章	67
6章	89, 93, 101, 107, 108
6・1〜11	80, 93, 106
6・2〜11	107
6・3〜4	80
6・3〜10	101
9〜11章	66, 67
9・1〜11・36	66
12章	67
12・1〜15・13	66
13章	67
14〜15章	67
14・1〜15・14	71
15・1	100
15・14〜16・27	65
16章	64, 67
16・1〜2	135, 143
16・3〜5	15
16・5	113
16・10	15
16・11	15
16・14〜15	15

1コリント書

1～4章	144
1・11～12	15, 149
1・16	15, 16
2・14	106
4・12	58
5章	144
6章	135, 138
6・1～8	143
6・1～11	134
8～10章	138
9・19	59
9・22b	71
10章	100
11章	144
11～14章	138
11・23～26	99
12・27～31	138
13章	81
15・1～58	106
15・29	130
16・15	15
16・19	15, 113

2コリント書

4・10	100
5・17	100, 107
8・1～15	136
11・7	59
12・1～4	113

ガラテヤ書

2・2	113
3・26～28	101
3・28	144
4・3	69
4・8	100
4・9	69
6・2	100

6・5	100
6・15	100
6・17	100

フィリピ書

1・1	113
1・27	112
2・6～11	106
2・9	81
3・17～21	112
3・19	112
3・20	73
4・22	15

コロサイ書

2・8	69
2・20	69
4・15	15, 113

1テサロニケ書

1・6	52
2・9	51, 58, 60
2・11～12	60
2・13	60
4・9～12	51, 77, 134
4・13～5・11	130
5・3	69

フィレモン書

2	15, 113

ヘブライ書

5・12	69

2ペトロ書

3・10	69
3・12	69

訳者あとがき

　本書は、Richard S. Ascough, *What Are They Saying About the Formation of Pauline Churches?* (New York and Mahwah, N.J.: Paulist Press, 1998)の全訳である。題を直訳すると『パウロ的教会の形成』となるが、本書の狙いがわかりにくい。本書の大きな狙いは、序論に記されていたように、「ギリシア・ローマの都市中心部に彼（パウロ）によって形作られたグループが、そこに集っていた人々に、また外部の人々にどのように映っていたのか」（本書10頁）を明らかにすることである。そこで邦題を『パウロの教会はどう理解されたか』とした。

　著者のリチャードS．アスコーは1962年生まれ、1985年カナダのWinnipeg Bible College（現、Providence College）においてBA（学士）、1988年イギリスのLondon Bible Collegeにおいて聖書解釈学のMA（修士）、1992年カナダのUniversity of St. Michael's College, Toronto School of Theologyにおいて神学のMAも取得する。1997年同大学においてPh.D（博士号）を修めている。その後、いくつかのカレッジで教鞭をとり、2003年よりカナダにあるQueen's University, School of Religionの准教授（2013年から正教授）として新約聖書学を教えている。博士論文の指導教官はクロッペンボルグで、それをもとに、*Paul's Macedonian Associations: The Social Context of Philippians and 1 Thessalonians* (Tübingen: Mohr Siebeck, 2003)を出版している。

　本書はアスコーが博士論文執筆中に同時進行的に書かれたもので、古代ギリシア・ローマ世界の結社・団体と初期キリスト教会とを比較考察した研究が概括的にバランスよくまとめられている。アスコーは、パウロ教会の類比としてシナゴーグ、哲学学派、古代密儀宗教、任意団体の四つを取り上げ、各集団の概要と類比としての有用性を先行研究に言及しながら解説している。各集団は、職業的・商業的役割、宗教的役割だけでなく、社

会的役割（会食など社交的機会の提供、帰属意識や目的意識の醸成、あるいは埋葬など）も担っていた。これらの集団と比較検討することで、初期キリスト教会もまた社会的役割を担っていたことが明らかとなる。本書においてアスコーは、任意団体が初期キリスト教会にとって最も相応しいモデルと断定するところまでは至っていないが、その後のアスコーの関心と研究内容を概観すると、任意団体との比較検討が最も有意義であると判断していることが分かる。

　この種の考察に馴染みが薄い読者は特に、新鮮な驚きと当時の集団がもつ重層性を感じるのではないだろうか。ヘレニズム時代において、都市国家（ポリス）は移住や植民によって多種多様の民族を抱え、共同体としての結束をもはや維持することが出来なくなっていた。そのような中で人々は、共通の基盤（民族、宗教、職業・商業、地区など）を通して数々の集団を形成していった（一人の人物が複数の集団に属することもあった）。初期のキリスト信仰者の集団もこれらの一つに数えることが出来るだろう。本書は、初期キリスト教会の自己理解と共同体形成を社会的に理解することを促し、新約聖書（特にパウロ書簡）を神学的だけでなく社会的な考察対象として捉えることの意義を雄弁に語っていると言えるだろう。

　ただし本書は、概説書としての性質上踏み込んだ議論は避けられ、物足りなさを禁じえない読者がいるかもしれない。そのような読者は、本文に丁寧に注釈された参照文献や「さらに学ぶために」で厳選された13の研究書をぜひ手に取って理解を深めてもらいたい。本書で展開された議論の背後に、広大な研究領域と歴史があることを見出すであろう。

　本書の「結論」で、アスコーは系譜的つながりではなく、類比的な比較考察を行う意義を述べ、地域ごとに初期キリスト教会と各種団体との比較対照を行うことを推奨している。アスコーは、各個教会の特殊性と地域性に注意を払うことで、画一的な共同体理解ではなく、ニュアンスに富んだ共同体理解を得ることの重要性を主張している。実際に、上述した単行本において（5章、6章）、アスコーはフィリピ教会とテサロニケ教会を取り

上げ、前者は宗教的団体、後者は専門家団体として当地の人々に理解されただろうと論じている。ただし、資料の扱い方に異論がないわけではない。アスコーは、教会に関する資料についてフィリピとテサロニケに限定する一方、団体に関する資料については、アテネ出土の前3世紀の碑文を用いるなど、場所や時代に制限されることなく自由に渉猟している。この点は統計学的課題が残る。

本書140頁の訳注で示した通り、アスコーは他の研究者と共に精力的にギリシア・ローマ世界の任意団体について継続して研究を行っている。資料集（*Associations in the Greco-Roman World: A Sourcebook*）は、おもに1980年頃から2010年頃までの過去30年にわたる研究成果から、碑文とパピルス、建物や集会場所の遺跡など一般には入手困難な資料を収集し、それらに英訳と注釈を施している。さらにアリストテレス、フィロン、ルキアノス、テルトゥリアヌス、タキトゥスなど幅広い著作のなかから、任意団体に関連する箇所を抽出し解説をしている。また、注釈付きの参考文献リスト（350以上の雑誌論文や研究書）も提供している。

最新の研究成果はウェブサイトで閲覧でき、データベースで検索することもできる（http://www.philipharland.com/greco-roman-associations/）。上述した資料の統計学的課題が漸進的であるが、改善されつつある。なお、これらの研究の一端を次の文献において日本語で知ることができる（クロッペンボーグ「第20章　古代世界における結社」、A.-J.レヴァイン他編『イエス研究史料集成』（土岐健治他訳、教文館、2009年）599-625頁）。

アスコーの学術的なアプローチは歴史批判的であるが、キリスト教に対する姿勢はただそれだけに留まらない。聖書学で得た成果を土台に現代における教会の課題にも取り組み、その成果を一般信徒向けの書物を通して発信している（Richard S. Ascough and Sandy Cotton, *Passionate Visionary: Leadership Lessons from the Apostle Paul* [Ottawa; Novalis, 2005]）。初期キリスト教会についての社会的考察は、キリスト信仰や神学と相反するのではなく、相互補完的な関係にあると言えるだろう。グローバル社会と言われる現代

において、従来の共同体意識は希薄になり、教会形成のあり方が厳しく問われている。本書がこの問いに対する創造的な答えを促す一助となることを祈念したい。

　末尾になりましたが、翻訳の機会を与えてくださった同志社大学神学部の水谷誠教授に感謝を申し上げます。また、編集や校正の労をとってくださった日本キリスト教団出版局の土肥研一氏をはじめとするスタッフの方々に心から御礼を申し上げます。誤訳を未然に防ぎ、より分かりやすい日本語表現を提示され、たいへん助けていただきました。なお至らぬ点はすべて訳者の責任にあることは言うまでもありません。

2015年10月
村山盛葦

むらやまもりよし
村山盛葦

1965年エジプト・タンタ市生まれ。神戸大学教育学部卒業、同志社大学神学部大学院修士課程修了。その後、バークレ神学大学院連合（GTU）、ボストン大学大学院博士課程で研鑽を積む（新約聖書学）。日本キリスト教団岡山教会伝道師、阿倍野教会副牧師、パイン合同メソジスト教会副牧師（サンフランシスコ）を歴任。2007年同志社大学神学部助教、現在同大学神学部准教授。共著に『聖書　語りの風景――創世記とマタイ福音書をひらいて』石川立他編（キリスト新聞社、2006年）、『牧師とは何か』越川弘英他監修（日本キリスト教団出版局、2013年）。2015年4月より日本キリスト教団阿倍野教会代務を兼職。

リチャード S. アスコー
神学は語る
**パウロの教会は
どう理解されたか**

© 村山盛葦 2015

2015年12月20日　初版発行

訳者　村山盛葦

発行　日本キリスト教団出版局
〒169-0051
東京都新宿区西早稲田 2-3-18
電話・営業 03(3204)0422
　　　編集 03(3204)0424
http://bp-uccj.jp

印刷・製本　三松堂

ISBN978-4-8184-0935-4 C3016　日キ販
Printed in Japan

シリーズ「神学は語る」

聖書とキリスト教倫理　ウィリアム C. スポーン　著
徳田 信　訳（210 頁、本体 2400 円）

新約聖書と黙示　スコット M. ルイス　著
吉田 忍　訳（154 頁、本体 2200 円）

たとえ話　デイヴィッド B. ガウラー　著
駒木 亮　訳（200 頁、本体 2600 円）

パウロの教会はどう理解されたか　リチャード S. アスコー　著
村山盛葦　訳（176 頁、本体 2400 円）

以 下 続 刊 予 定

パウロと律法　ヴェロニカ・コペルスキ　著

ファンダメンタリズム　ピーター A. ハフ　著

1 冊にひとつの神学テーマをとりあげ、
現代の神学者の考察を簡潔にまとめて提示します。
入門書ではものたりないが、本格的な神学書は敷居が高い。
そんな思いをもつ教職・信徒の方々にお勧めしたいシリーズです。